王涛 ◎ 著

倍增与示范：
世界瓷都国家级文旅融合示范区规划发展

河海大学出版社
·南京·

内容简介

文旅深度融合是新时代文化和旅游发展的国家战略。为充分挖掘世界瓷都德化的海丝陶瓷文化与休闲生态旅游资源，争创"海丝文艺休闲新瓷都，开展了文旅融合规划发展的调研、编制和研究工作。本书通过图文并茂、理实一体，展现高质量文化和旅游产业的深度关联度、融合性和带动性，以促进资源禀赋和游览价值"相生相宜、共促共进"模式下当地经济社会可持续发展，实现产业倍增，发挥示范效应。

图书在版编目（ＣＩＰ）数据

倍增与示范：世界瓷都国家级文旅融合示范区规划发展 / 王涛著. -- 南京：河海大学出版社，2023.9
ISBN 978-7-5630-8252-0

Ⅰ.①倍… Ⅱ.①王… Ⅲ.①地方文化－旅游业发展－研究－德化县 Ⅳ.①F592.757.4

中国国家版本馆CIP数据核字（2023）第113586号

书　　名	倍增与示范：世界瓷都国家级文旅融合示范区规划发展 BEIZENG YU SHIFAN SHIJIE CIDU GUOJIAJI WENLÜ RONGHE SHIFANQU GUIHUA FAZHAN
书　　号	ISBN 978-7-5630-8252-0
责任编辑	成　微
特约校对	成　黎
封面设计	张世立
出版发行	河海大学出版社
地　　址	南京市西康路1号（邮编：210098）
电　　话	（025）83737852（总编室）　（025）83722833（营销部）
经　　销	江苏省新华发行集团有限公司
排　　版	南京布克文化发展有限公司
印　　刷	广东虎彩云印刷有限公司
开　　本	718毫米×1000毫米　1/16
印　　张	16.875
字　　数	220千字
版　　次	2023年9月第1版
印　　次	2023年9月第1次印刷
定　　价	69.00元

前言

  文旅深度融合是新时代文化和旅游发展的国家战略，是旅游发展与文化改革发展的新要求。为充分挖掘世界瓷都德化的海丝陶瓷文化与休闲生态旅游资源，切实推进文化与旅游融合发展，加快建设文化强县和旅游强县，争创"海丝文艺休闲新瓷都"文化和旅游融合国家级示范区，开展了文旅融合国家级示范区规划发展的调研、编制和研究工作。通过规划方案、专题研究、云龙湖景区总体规划的地方发展实例等，图文并茂、理实一体，展现高质量文化和旅游产业的深度关联度、融合性和带动性，以促进资源禀赋和游览价值"相生相宜、共促共进"模式下当地经济社会可持续发展，实现产业倍增，发挥示范效应。

  世界瓷都德化的文旅融合发展，是文化旅游与旅游文化相互联系、双向赋能的发展，具有丰富内容和意涵，是我国东南沿海地区独具特色的陶瓷文化、海丝文化、绿色生态、非物质文化遗产、旅游演艺、节庆民俗等各剖面文化和旅游资源价值的更新发展和地方创生的生动案例地和试验田，具有较强的目的地典型性和代表性，具有较好的研究追踪和实践价值。本书旨在对世界瓷都文化和旅游的融合发展研究，以地域视角、资源条件、市场分析、空间分布、功能分区、任务实施、产品体系、营销策略、保障措施、项目库、投资估算等为主要内容和研究路向，整合地方资源、梳理文旅脉络、彰显文化价值、体现产业优势、推动文旅赋能、促进社会发展，以探索和促进创建具有省域乃至全国意义的融合示范区，打造文旅融合发展"德化模式"。

对世界瓷都文旅融合发展示范区及相关代表性案例地文旅融合规划的样本性研究，既可进一步推动德化产城融合、全域旅游、文旅产业、地区经济社会等各领域、部门、业态、层面的高质量发展，更能加快以德化为代表的全国其他各地文化、旅游和地域性特征在深度融合发展中的模式创新、机制保障、特色凸显和路径彰显，加强和促进资源要素整合、市场因素调动和价值感知呈现。研究也将进一步促使我们思考、研判和谋划我国地方文旅深度融合的业态多样化、数字赋能化、生态保护性与旅游可持续发展及其之间的机理关系，促进地方产业倍增、形成可鉴模式示范，进而通过中国式现代化的地方文旅实践，推动和深化各地的文旅融合、产业转型、美丽乡村建设、社会福祉和共同富裕以及经济社会文化的进步和高质量发展。

作者
2023 年 7 月

目录

第一篇　世界瓷都（德化）文化和旅游融合国家级示范区规划方案
　　……………………………………………………………………… 001
第一章　规划背景 ……………………………………………… 003
　　一、新时代文化和旅游发展的国家战略 ………………………… 003
　　二、福建省旅游发展和文化改革的新要求 ……………………… 004
第二章、意义与条件 …………………………………………… 005
　　一、重要意义 ……………………………………………………… 005
　　二、资源条件 ……………………………………………………… 007
第三章　发展现状 ……………………………………………… 015
　　一、坚持科学发展，落实"全域生态理念" …………………… 015
　　二、加强统筹领导，实施"多级联动管理" …………………… 016
　　三、促进产业协作，开发"重点招商项目" …………………… 017
　　四、推进以文促旅，搭建"智慧旅游平台" …………………… 018
第四章　问题分析 ……………………………………………… 019
　　一、文旅融合产品供给侧结构趋同 ……………………………… 019
　　二、文旅融合深度广度程度显不够 ……………………………… 019
　　三、文旅融合国际影响力有待提升 ……………………………… 020
　　四、文旅融合专门复合型人才不足 ……………………………… 020
第五章　总体战略 ……………………………………………… 021
　　一、指导思想 ……………………………………………………… 021
　　二、战略定位 ……………………………………………………… 022

三、规划目标 ·· 023
　　四、战略任务 ·· 024

第六章　发展举措 ·· 025
　　一、先行先试，支持鼓励文旅融合国家级示范区创建 ········ 025
　　二、务实稳妥，切实深化文旅融合体制机制改革 ············ 026
　　三、持续深入，着力推进文旅融合重点任务实施 ············ 026
　　四、多措并举，扶持推动文旅融合标志工程落地 ············ 026
　　五、提质增效，建立健全文旅融合产业政策体系 ············ 026
　　六、补齐短板，完善提高文旅融合公共服务效能 ············ 027

第七章　区域布局 ·· 027
　　一、凸显"一核三区四轴"空间结构 ······················ 027
　　二、形成"红绿田白蓝地"产业环链 ······················ 028
　　三、塑就"两线三瓷多元"文艺走廊 ······················ 030

第八章　重点任务 ·· 032
　　一、培育一批标志性引领性文旅融合枢纽工程 ·············· 032
　　二、实施一批文旅融合规划发展的重点项目 ················ 038
　　三、构建一批文旅融合业态和特色产品体系 ················ 043
　　四、推出一系列文旅融合精准营销策略 ···················· 046

第九章　保障措施 ·· 048
　　一、加强组织协调 ······································ 048
　　二、加强政策配套 ······································ 049
　　三、加强宣传推广 ······································ 049
　　四、加强人才培育 ······································ 049
　　五、加强规范管理 ······································ 049

第十章　示范价值 ·· 050
　　一、文以载道，促进中华优秀文化与旅游的深度融合 ········ 050
　　二、以旅彰文，助推遗产保护和海丝"泉州港"申遗 ········ 050
　　三、互学互鉴，扩大"一带一路"沿线国家交流合作 ········ 051
　　四、示范效应，塑就"生态先行，文旅创新"融合范式 ······ 051

五、和合偕习，带动县域经济社会高质量发展新引擎…………… 052

第二篇　世界瓷都（德化）创建国家文旅融合示范区项目库
　　…………………………………………………………………… 053
第一章　总库………………………………………………………… 055
第二章　标志性工程项目库………………………………………… 059
第三章　区域布局"分区规划指引"项目库……………………… 060

第三篇　专题研究：整合优势资源，扶持重点项目，推动产业倍增
　　…………………………………………………………………… 065
第一章　推创文旅融合示范目标开展……………………………… 067
第二章　推进文旅融合重点任务实施……………………………… 070
第三章　推动文旅融合标志工程落地……………………………… 085

第四篇　世界瓷都（德化）文化和旅游融合国家级示范区规划（含图件）
　　…………………………………………………………………… 103

第五篇　文旅融合规划的地方发展实例：云龙湖景区总体规划（含图件）
　　…………………………………………………………………… 183

第一篇

世界瓷都（德化）文化和旅游融合国家级示范区规划方案

文旅融合是新时代文化和旅游发展的国家战略，是福建省旅游发展与文化改革发展的新要求。为充分挖掘世界瓷都（德化）的海上丝绸之路（以下简称"海丝"）陶瓷文化与休闲生态旅游资源，切实推进文化与旅游融合发展，加快建设文化强县旅游强县，争创德化"海丝文艺休闲新瓷都"文化和旅游融合国家级示范区，特研究编制出示范区规划实施方案，促进产业倍增，发挥示范效应。

第一章 规划背景

一、新时代文化和旅游发展的国家战略

1. 文化和旅游部成立及顶层设计

2018年3月,中华人民共和国文化和旅游部(下文简称"文旅部")批准设立,这一机构改革是党中央站在新的更高起点谋划和推进文化和旅游改革发展作出的重大决策部署,是为了增强和彰显文化自信、提高国家软实力和中华文化影响力。这一重大决策理清了未来文化和旅游的发展思路——着眼于统筹文化事业、文化产业发展和旅游资源开发,推动文化事业、文化产业和旅游业融合发展。这与"文旅融合"即"文化与旅游融合发展"的发展理念相契合。

2. 文旅融合发展的国家战略

习近平总书记对文化旅游和文旅融合发展做了一系列重要讲话和部署,在2019年的十三届全国人大二次会议福建代表团审议会上,提出要以创新创业创造助推文旅融合,在我国文旅融合发展方向、模式、路径等方面,做了指导性、前瞻性、战略性指示。国家文化和旅游部部长在"2019中国旅游科学年会暨第二届全国旅游管理博士后学术论坛"中表示:"文旅融合发展,形成文化传播和旅游推广的合力,促进文化和旅游融合发展稳中有进,发挥'1+1>2'的发展新优势。关于文化和旅游融合发展的重要论述,要把握好四点。一是文化和旅游的内在联系;二是文化对旅游的促进作用;三是旅游对文化的促进作用;四是文化和旅游工作的共同目标。"

《文化部　国家旅游局关于促进文化与旅游结合发展的指导意见》(2009

年)与《国家发改委"十三五"时期文化旅游提升工程实施方案》(2017年)是专门部署文化和旅游融合发展的中央文件,且约10年间除2012年每年都有涉及文旅融合的政策文件,加之文旅部的组建,共同揭示了文旅融合理念已获得官方认可并形成了政策导向,跃升成为国家层面战略思维。同时,文旅融合还是消费升级导向。当今大众旅游时代,随着人民生活水平和知识层次的不断提升,文化和旅游更加密不可分,旅游已成为人们拓宽视野、学习知识、提升文化的重要渠道。

二、福建省旅游发展和文化改革的新要求

(1)《福建省"十三五"旅游业发展专项规划》(2016年)提出深入挖掘福建省瓷文化、茶文化等特色文化,重点培育康养旅游、研学旅游、生态旅游、观光工厂等新业态产品;强调"重点突破文化旅游"来创新旅游产品业态,以升级旅游产品体系。这些政策内容不仅体现了以文旅融合理念发展我省旅游的思想,还显示了世界瓷都(德化)以瓷文化、海丝文化、生态文化为核心和重要载体的文化旅游特色,有很大的文旅融合发展潜力。

(2)《福建省"十三五"文化改革发展专项规划》(2016年)提出通过发展文化旅游提高文化产业发展竞争力。"推进文化遗址对游客开放,建设一批文化旅游体验精品""加快文化创意和旅游业等相关产业融合发展……深入实施文化旅游融合示范工程,推进一批以陶瓷文化等为重点的文化旅游重点项目"等规划内容皆蕴含了文旅融合的发展思想;同时文旅融合发展也是使"历史文化遗产得到有效保护与利用"的重要途径之一。

(3)福建省文化和旅游厅厅长在十三届全国人大二次会议福建代表团审议会上表示:"要牢记总书记嘱托,按照福建省委、省政府部署要求,以文旅融合发展为主线,以改革创新为动力,充分发挥文化和旅游在助力脱贫攻坚、乡村振兴、'一带一路'中的重要作用,稳稳地做、实实地干,着力提供优秀文化产品和服务、优质旅游产品和服务,持续繁荣文艺创作,积极探索海峡两岸文旅融合发展新路,全面打响'全福游、有全福'品牌,唱响'清新福建'金字招牌,全面提升福建文化和旅游影响力,推动文化建设和旅游发展再上新台阶。"

（4）2019年8月，福建省文化和旅游厅厅长、福建省文物局局长等率相关处室负责人深入泉州、厦门调研文化遗产保护工作，以文旅融合促推文化遗产保护利用。要求将古泉州(刺桐)史迹保护利用与现有5A级景区开发统筹整合起来，既用文物提升5A级景区内涵，又通过旅游让文物"活"起来，促进城市发展；要求突出海丝特色、注重文化传播、体现文旅融合，打造世界一流的海丝文化交流合作平台，讲好福建海丝故事；要求深入走访文旅项目和文物点，继续做好古城墙保护和建设控制地带内管理，鼓励发展特色民宿，深入挖掘当地特色文化和滨海资源，统筹打造5A级景区或国家级旅游度假区，积极探索发展民宿等活化利用方式。

第二章 意义与条件

一、重要意义

1. 凸显德化文旅融合示范性发展新表率

德化文旅融合发展，是文化旅游与旅游文化共融共生的发展，具有丰富内容和意涵，是德化独具特色的陶瓷文化、绿色生态、非物质文化遗产、旅游演艺、节庆民俗等各剖面文化和旅游资源价值的更新发展和地方创生的生动案例地和试验田，以此创建具有省内乃至全国意义的示范区，打造文旅融合发展的"德化模式"。

突出主题、功能、业态、产品，强调融合和创新，挖掘具有创新性、时代性、地方性特色的文化选题，对德化文化内涵加以提炼、精准营销，做出具有融合示范效应的发展经验、模式和路径。基于地方理论视角和在地营造维度，坚持突出文化旅游和旅游文化的深度融合的地方特色，凸显德化文旅品牌融合优势，促成文化和旅游融合发展德化示范区"宜融则融、能融尽融、以文促旅、以旅彰文"发展样本的形成。

德化文旅融合发展示范区的创建，可带动德化县产城融合、全域旅游、文旅产业、地区经济社会等各领域、部门、业态、层面的高质量发展，更加凸显德化的文化、旅游和地域特色，深化德化县的产业融合、创新发展、社会经济进步。

2. 推动德化全域旅游创新性发展新作为

创建德化国家级文旅融合示范区是推进全域旅游发展的有力抓手和现实路径。一方面，立足文化资源，植入创意基因。大力实施以"文旅融合"为引领的"旅游+"和"+旅游"战略，孵化一批新产业新业态，大力促进德化海丝文艺休闲游。另一方面，促进古村落古建筑保护，强化景区与城区的协调发展，实施"小县大城关"发展和乡村振兴战略，按资源共享、服务融合的理念，统筹公共文化和旅游资源，大力推进公共服务体系建设，促进共建共享。把旅游元素融入城市建设，发挥文化、旅游、生态"三位一体"优势，促进景城同建，打造宜居宜游新瓷都。

3. 探索德化经济社会高质量发展新路径

德化文旅融合发展示范区的创建，为地区经济的发展提供了巨大的客源市场，陶瓷文化在旅游体验过程中传播，海丝文化在旅游中给予人新的文化内涵感受，文化产业与旅游业的融合，能够使其走向大众、走向市场，实现其经济价值。

以陶瓷文化和海丝文化旅游融合发展示范区的创建为引领，实现德化及福建省的文化和旅游融合的创新发展，带动地区的经济社会发展、产城融合发展，在更大层面激发创造力和发展动力源，增强城市和地区整体可持续发展的竞争力。可以促进新旧动能转换，带动地区产业升级、社会和经济发展"转型升级、提质增效"的高质量创新发展。

4. 促进德化海丝瓷都内涵式发展新动能

德化保留着众多体系化、集群化、地域化的"海丝文化"重要历史遗存，传承着具有深远影响的传统制瓷技艺，拥有着丰富的民间文化传统，这些共同构建起德化海丝民间文化的脉络和根基，蕴藏着宝贵的精神财富。在"海丝文艺休闲新瓷都"旅游文化品牌定位下，厚植海丝瓷都文化底蕴，以陶瓷文化为核心驱动力，以文创、海丝文化、生态为新引擎，为德化文旅融合注入更新更强活力，丰富海丝瓷都的内涵，探索出集旅游休闲、乡村振兴、生态经济协调发展为一体的新模式，推动海丝瓷都更生动、立体、全面的发展。最大程度发挥文化在培养人文素质、提升城市品质、涵养城市文化、塑造城市精神等方面的强大作用力，坚定文化自信，促进德化文化和旅游相融共生，充分发挥文化和旅游产业大融合路径下释放的聚变效应，全面推进德化海丝瓷都内涵式发展。

5. 彰显德化对外交流美誉度发展新自信

德化的"中国白"陶瓷文化跨越民族和地域的界线，远播海外，对日本、欧洲以及东南亚各国的制瓷史产生深刻深远的影响。千年的"瓷帮古道"见证了德化陶瓷外销的辉煌，德化瓷作为重要的对外贸易品，是连接东西方文明的桥梁纽带和历史见证。同时德化瓷也是国宝级工艺品，是当今中国人文化自信的物质载体。结合现代技术展现德化瓷工艺品时尚现代的设计美感，挖掘现代性与艺术性互融相生的美学价值，坚定文化自信，向世界展现"中国白"之美。拓展对外交流综合平台，依托陶瓷企业平台讲述德化故事、传播德化声音，展示德化形象。培育陶瓷、海丝两大系列品牌项目，推广对外交流国际品牌，积极推动与"一带一路"沿线国家的文化旅游交流。

二、资源条件

1. 德化文化资源的丰富内涵值得挖掘

德化历史悠久，文蕴深厚，素有"世界陶瓷之都""千年古县"之称，是我国陶瓷文化发祥地和三大古瓷都之一。德化有古瓷遗址200多处，古瓷窑址数量列居全省各县之冠，其中，省级文物保护单位15处，"屈斗宫德化窑遗址"为国家级重点文物保护单位；省级历史文化名镇名村3个；德化瓷烧制技艺为国家级非物质文化遗产，德化瓷工艺入选省级非物质文化遗产代表作。集陶瓷文化、海丝文化、宗教文化、红色文化以及农耕文化于一体的德化传承了祖辈丰厚的物质精神财富，具有独特的文化魅力。

一是陶瓷文化积淀深厚。德化瓷历史悠久，制作始于新石器时代，兴于唐宋，盛于明清，技艺独特，至今传承未断。它一直是中国重要的对外贸易品，与丝绸、茶叶一道享誉世界，为制瓷技术的传播和中外文化交流做出了贡献。2006年5月20日，德化瓷烧制技艺经国务院批准列入第一批国家级非物质文化遗产名录。苏清河、邱双炯等一批国家级美术工艺大师被认定为国家级非物质文化遗产项目代表性传承人，全县共有各级非遗项目传承人51人。

二是海丝文化历久弥新。德化县是以泉州为起点的"海上丝绸之路"重要的物源地，是"中国白"瓷器的原产地，陶瓷是其重要的输出商品。德化三班镇锦山村的"瓷帮古道"是古时候串联各个古窑址，输出外销陶瓷，繁荣德化乃至泉州的交通大动脉。历经千年的"瓷帮古道"见证了德化陶瓷外销的辉煌和"海上丝绸之路"的繁华，是德化走向世界的荣兴大道，是连接东西方文明的桥梁纽带和历史见证，承载着德化陶瓷发展的厚重历史文化记忆。

三是宗教文化资源丰富。德化戴云山是闽台一带著名的宗教圣地，拥有丰富的宗教文化资源，如九仙山弥勒石像、永安岩、灵鹫岩古刹、戴冠观音石刻造像、戴云寺；石牛山以老子坐骑青牛得名，石壶祖殿是闽台两地的道教圣地。同时，德化瓷器的生产制作与宗教文化有着密切关系，德化白瓷塑佛像在古代早已名扬海外，"瓷圣"何朝宗的作品《渡海观音》在世界盛行；元代德化屈斗宫窑产品以佛教术语作为装饰的主体图案。道教和佛教的宗教文化融汇于德化的各个自然人文景点和陶瓷工艺之中，为德化的多样文化增添了独特色彩。

四是农耕文化一脉相承。德化的山城环境和历史发展铸就其深厚的农耕文化底蕴，在现如今的旅游发展中农耕文化再次焕发出新生机。德化县雷峰镇李溪村在每年农历四月初八举行"耕牛节"活动，承袭当地传统农耕文化的丰厚底蕴和百年习俗，将古早农家春耕习俗与当代祭祀仪式相结合，展现戴云山区原生态的农耕文明与文化传统。从优秀的传统农耕文化中汲取农业智慧，对于当下开展的乡村振兴大业具有重大的意义。

五是红色文化薪火相传。中共福建省委机关革命遗址位于水口镇昆坂村坂里自然村，是我省重要的革命老区基本村，也是闽南地区唯一一处省委旧址，有着光辉的革命斗争历程。德化县国宝乡在当年"戴云之战"主战场所在地——革命老区基点村南斗村，修建了"戴云之战革命历史陈列馆""戴云之战纪念碑"。当代杰出的革命音乐家和指挥家罗浪，是新中国军乐事业的主要奠基人，演奏国歌第一人。从革命旧址，到战场遗址，再到红色英雄人物，德化红色文化资源种类丰富，红色旅游发展条件得天独厚。

2. 德化旅游资源的特色优势亟需凸显

德化是中国八大陶瓷产区之一，但是只有德化陶瓷能够荣膺"世界瓷都"的称号，并在1993年被李鹏总理题词"德化名瓷，瓷国明珠"。从历史看，德化陶瓷被誉为"中国白"，早在宋元时期，就成为"海上丝绸之路"上的重要出口商品之一，助推泉州港的兴盛。现今，作为国宴瓷和国礼瓷的德化白瓷再次亮相金砖会议，为世界展示"中国白"。千年窑火、万里瓷路，使其成为享誉海内外的世界瓷都和陶瓷圣地。从时代看，如今欧美40多个国家的知名博物馆都藏有德化瓷，它是用世界语言讲述中国故事的见证。从发展看，德化作为"海上丝绸之路"主要起点和重要货源地，融入国家"一带一路"倡议，具有独特的优势和特殊的地位。德化陶瓷文化具有特殊的历史价值和品牌价值，因此，德化陶瓷是中国陶瓷的缩影。

深入挖掘陶瓷所蕴含的高度精神价值，赋予产品浓厚的文化色彩，加强建设陶瓷文化载体工程，构建瓷都陶瓷文化宣传阵地，全力打响符合"世界瓷都"的陶瓷品牌，打造"海丝文艺休闲新瓷都"（见表1.1）。

表1.1 德化县文化旅游资源情况汇总表

资源	名称	类别	空间位置	备注
文化资源	屈斗宫古窑址	陶瓷文化	县城东南隅的宝美村破寨山西南坡上	国家级；国务院第三批全国重点文物保护单位
	祖龙宫与"窑坊奉祀习俗"	陶瓷文化	龙浔镇宝美村卦寨山之东	国家、省、市级非物质文化遗产
	梅岭窑、尾林窑、内坂遗址	陶瓷文化	三班镇泗滨村上寮溪畔	被纳入"古泉州（刺桐）史迹"，作为申报2020年世界文化遗产点之一
	月记窑及洞上陶艺村	陶瓷文化	三班镇蔡径村	省级文物保护单位
	辽田尖山夏商原始瓷窑址	陶瓷文化	三班镇三班村南部与永春交界的辽田尖山山坡处	全国目前发现的最早的原始瓷窑址，印证了德化是中国最早的青瓷制造地和中国龙窑起源地
	德化陶瓷博物馆	陶瓷文化	浔中镇唐寨山森林公园内	国家二级博物馆；福建省第一家资料齐全的陶瓷专业馆
	"中国白"艺术馆	陶瓷文化	瓷都大道，凤曙路与龙浔路交叉口西50米	陶瓷研究所的"中国白""中国红"陶瓷艺术展示厅

续表

资源	名称	类别	空间位置	备注
文化资源	红旗瓷厂	陶瓷文化	宝山路26号原红旗厂	陶瓷文化创意园和陶瓷文化旅游观光点
	泰峰瓷坊及如瓷生活馆	陶瓷文化	龙浔镇宝美工业区	泰峰瓷坊是德化唯一一个集陶瓷雕塑艺术品观音为主题的艺术馆，如瓷生活文化馆是高层次陶瓷文化旅游景点
	瓷帮古道	海丝文化	龙浔镇高阳村	德化陶瓷外送的古驿道，连接东西方文明的桥梁纽带和海丝繁荣的历史见证
	海丝文化广场	海丝文化	环城西路	集电子商务、休闲、娱乐、商务办公一站式的陶瓷文化商贸综合体
	瓷都广场	海丝文化	城关中心地段	举办海上丝绸之路国际艺术节
	顺美海丝陶瓷历史博物馆	海丝文化	城东顺美工业园	展示300余件由海上丝绸之路远销海外的德化白瓷藏品
	海丝陶瓷文化艺术馆	海丝文化	拟选址于龙浔镇	集陶瓷交流、展示和知识普及于一体的公益文化设施
	石牛山	宗教文化	水口镇村场村	国家4A级旅游景区，山水文化与道教文化融为一体的道教胜地，有石牛传说
	九仙山	宗教文化	赤水镇、上涌镇、大铭镇交界处	国家4A级旅游景区，是闽南地区的宗教圣地，有保持完好的省级文物保护单位唐代弥勒石刻造像
	祖龙宫	宗教文化	龙浔镇宝美村	供奉"窑坊公"林炳，具有世界陶瓷史上独一无二的祭祀文化
	大卿宫	宗教文化	龙浔镇丁乾村	县级文物保护单位，德化县道教协会驻地
	戴云寺	宗教文化	戴云山南麓	德化县级文物保护单位，福建省历史最悠久的古寺之一；闽中四大古刹之一
	龙湖寺	宗教文化	美湖乡上漈村	闽中四大古刹之一
	程田寺	宗教文化	城东薛萝峰下	闽中四大古刹之一
	香林寺	宗教文化	葛坑镇湖头村	闽中四大古刹之一

续表

资源	名称	类别	空间位置	备注
文化资源	观音山陶瓷文化创意园	宗教文化	国宝乡格头村	预计2023年完成瓷观音文化展示馆、佛教陶瓷文化创意园、宗教旅游度假村建设
	中共福建省委机关革命遗址	红色文化	水口镇昆坂村	国家2A级旅游景区、文化旅游景点、红色旅游经典景区
	中共福建省委旧址（坂里）	红色文化	水口镇东南的石牛山麓，与永泰、仙游交界的昆坂村	红色旅游经典景区、福建省爱国主义教育基地以及闽南唯一一处省委旧址
	戴云之战革命历史陈列馆	红色文化	国宝乡革命老区基点村南斗村	以"戴云纵队"作战遗址为基础，筹建"戴云之战革命历史陈列馆""戴云之战纪念碑"。陈列馆是党员"忆初心"党性教育基地
	罗浪纪念馆	红色文化	雷峰镇潘祠村的潘祠党群服务中心	罗浪是已故当代革命音乐家、新中国军乐事业的主要奠基人，开国大典军乐团总指挥。在罗浪纪念馆，有罗浪的详细介绍以及他生前的珍贵照片、文物资料
	德化县革命历史纪念馆	红色文化	龙浔镇环城南路285号	馆内以史料和实物为主要陈列品，用文字、照片、绘画等方式生动地展示了第二次国内革命战争时期中共安南永德中心县委组织、工农红军闽南游击队第二支队、群众开展革命武装斗争和建立苏维埃政权等革命斗争的历史
	李溪耕牛节	农耕文化	国宝乡雷峰镇李溪村	每年农历四月初八，是李溪村"耕牛节"，将农耕文化与民俗文化相融合
	龙虎旗阵恭迎"三圣"（又称"俚长"）	农耕文化	德化县上涌镇	德化县非物质文化遗产保护名录，是特有传统民俗活动，旨在答谢神明庇佑，庆贺丰收，并以此激励当地村民培养人才、重视人才
	"中国农民丰收节"暨上涌镇民俗文化旅游节	农耕文化	上涌镇曾坂村	曾坂村是中国传统古村落，上涌镇是省级历史文化名镇，将乡村旅游和传播特色民俗文化相结合
	民俗文化旅游节	民俗文化	盖德镇有济村	民俗文化及文艺表演，三通鼓表演、舞狮；省级示范农场——丹桂基地
	德化瓷烧制技艺	非遗文化		国家级非物质文化遗产代表性项目

续表

资源	名称	类别	空间位置	备注
旅游资源	九仙山景区	地文景观	赤水、上涌、大铭三乡镇交界处	国家4A级景区
	石牛山主峰景区	地文景观	水口镇境内	国家4A级景区
	戴云山	地文景观	赤水镇	省级自然保护区
	李溪村梯田	地文景观	雷峰镇	
	云龙谷景区	综合人文旅游地	国宝乡	国家3A级景区
	桃仙溪景区桃花岛	水域景观	德化县南埕镇镇区	号称"闽中白水洋",是全国最大的原生态亲水乐园
	岱仙溪瀑布景区	水域景观	德化县南埕镇	岱仙溪竹筏漂流有"闽中第一漂"之称,途经九濑、九潭、九弯十八曲,有石柱擎天、苏潭映月、金牛戏水、树中树、仙人岛等景点
	石龙溪	水域景观	德化县南埕镇	号称"华东第一漂"——石龙溪皮划艇漂流
	大龙湖	水域景观	美湖镇美湖村	是福建境内罕有的、较惊险刺激的极速漂流,属于自然风光的峡谷漂流
	塔兜温泉	水域景观	石牛山国家森林公园南端,南埕镇塔兜村	温泉可溶性SiO_2含量较高,属偏硅酸温泉,水温高达83~88℃,堪称"天下第一汤"
	蕉溪温泉	水域景观	雷峰镇蕉溪村	雷峰镇温泉美食旅游节;温泉久负盛名,蕴藏量十分丰富,水质优良
	岱仙湖国家级水利风景区	水域景观	水口和南埕两镇	国家级水利风景区
	丁荣银杏	生物景观	杨梅乡丁荣村	目前泉州市发现的唯一一处古银杏树群;丁荣村入选"2018森林中国·发现森林文化小镇"名录
	美湖大樟树	生物景观	美湖镇小湖村	樟树王是目前世界上有记载的最大樟树,堪称"天下第一樟",入选"中国最美古树"名录

续表

资源	名称	类别	空间位置	备注
旅游资源	雾凇	天象气候景观	九仙山	
	龙浔江山美人庄园	生物景观	龙浔镇英山村中洋	集生态观光茶园玻璃栈道、樱花木栈道、美国紫薇观光区、茶园科普于一体
	顺美陶瓷文化生活馆	建筑与设施	浔中镇宝美村环城路	国家2A级景区
	曾坂村	建筑与设施	上涌镇下辖村	第四批中国传统村落
	佛岭村	建筑与设施	国宝乡	第三批中国传统村落
	云溪村	建筑与设施	杨梅乡北部	第五批中国传统村落
	高阳村	建筑与设施	龙浔镇下辖村	第五批中国传统村落
	桂阳村	建筑与设施	桂阳乡桂阳村	第五批中国传统村落
	中国白·得心酒店	建筑与设施	龙浔镇环城西路226号	拟打造以白瓷为主题的特色五星级酒店
	大兴堡	建筑与设施	三班镇三班村	"海上丝绸之路"遗迹之一，福建省第九批省级文物保护单位名单及保护范围
	永革桥	建筑与设施	上涌镇曾坂村山茶角落	建于清乾隆十二年（1747），福建省第九批省级文物保护单位名单及保护范围
	厚德堡	建筑与设施	水口镇祥光村	建于清中期，福建省第九批省级文物保护单位名单及保护范围
	程田寺古街	建筑与设施	宝美村东南隅	建于唐末宋初，历史名人众多
	"传承海丝文化筑梦世界瓷都"第十七届瓷都广场文化节	人文活动	瓷都文化广场	集中展示并丰富拓展当地的非物质文化遗产项目

3.德化文旅融合的基础条件发展较好

一是德化文旅融合基础条件好、旅游文化底蕴深、文化旅游价值高。

（1）资源种类丰富，保护程度好。全县有61个旅游资源基本类型，旅游资源单体有132个。其中，优良级（五、四、三级）的旅游资源22个，占全县旅游资源单体数的16.67%；普通级（二、一级）的旅游资源110个，占全县旅游资源单体数的83.33%，生物景观丰度高，山地旅游资源相当出色。全县已发现的唐宋以来的古窑址238处，省级重点文物保护单位15处，屈斗宫古窑址被列为国家级重点文物保护单位。自然景观与人文景观有机结合，文化遗产和非物质文化遗产共生发展，现代社会与传统文化珠璧交辉。

（2）文化底蕴深厚，影响范围广。德化陶瓷生产历史悠久，为陶瓷文化发祥地之一，目前已发展成为全国最大的工艺陶瓷生产和出口基地。在国外，德化制瓷法由《马可·波罗游记》首先外传欧洲，引发了长达三百年的欧洲仿制史；日本人把德化窑的阶级窑称为"串窑的始祖"，并尊林炳为陶祖神。

（3）观赏游憩价值高。德化地处"闽中屋脊"戴云山区，森林覆盖率高达77.3%，山清水秀，物种繁多。温泉水质优于饮用水，是少有的硅质氟热水，其氟和偏硅酸成分都有较高的医疗价值。德化属亚热带海洋性季风气候，无霜期270天左右，由于海拔高低悬殊、地形复杂，又具有气候垂直变化大、小气候突出（雾凇现象）等特征。适游期长，适宜所有游客出游和参与。文物古迹遍布全县，丰富的自然和深厚的人文沉淀所构成的旅游资源极具特色。

二是德化丰富陶瓷文化内涵，积极融入旅游合作圈。

近年来，德化县依托深厚的陶瓷文化底蕴，大力挖掘并盘活富有特色的旅游资源，充实陶瓷博物馆藏品，扩建陶瓷街，不断提升陶瓷文化旅游品位，丰富陶瓷文化旅游的内涵。前往陶瓷博物馆、陶瓷展销城、陶瓷街等地方参观旅游的游客络绎不绝，为德化县发展文化旅游提供了潜在客源。

积极打响"瓷都锦绣，戴云悠悠""海丝瓷源，文旅德化""文艺瓷都新德化""瓷情瓷景，漫游德化"等旅游品牌，主动融入厦漳泉、闽粤赣和泛珠三角旅游合作圈，建设海峡西岸重要的生态休闲旅游区，为打造"德化海丝文艺休闲新瓷都"创造了条件，也为德化文旅融合发展示范区的创建提供了良好发展契机。

三是德化立体化交通格局已日渐完善，旅游交通可进入性大大提升，时空半径缩短。

二十世纪八十年代末实施"大城关"发展战略，德化被列为福建省首个统筹城乡发展试点县、新型城镇化试点和国家智慧城市试点。从高速网络的建设来看，近年来德化县正逐步建设"闽中交通枢纽"，2017年11月，厦沙高速德化段建成通车，成为德化县境内第一条真正意义上的高速公路。这条"大动脉"串联戴云山、国宝云龙谷、九仙山等旅游风景区。从铁路网络的建设来看，2017年3月兴泉铁路开工建设，2020年左右投入使用。随着德化交通现状的全面改善，德化优越的地理区位优势将逐步显现。立体化交通格局极大缩短了时空半径，为推动瓷都文化旅游、打造德化文旅融合国家级示范区创建，创造了便捷的交通条件。

第三章 发展现状

一、坚持科学发展，落实"全域生态理念"

国务院发布《关于支持福建省深入实施生态省战略加快生态文明先行示范区建设的若干意见》，德化县依托福建获批建设全国首个生态文明先行示范区的"生态省"战略，充分利用自身丰富的生态资源，推出生态景区，打造德化全域生态游品牌。并借泉州"海上丝绸之路"战略契机，依托绿色生态旅游带融入海丝，在全国乃至世界范围打响"瓷都"特色，成为国内国际旅游目的地的重要组成部分。

德化县生态环境良好，有"闽中宝库""泉州的后花园"的称号，建设生态景区受欢迎，全域生态理念潜力大，生态文化旅游产品提升空间极大。德化县虽拥有大量生态、文化资源，但利用并不充分，景区多"养在深闺人未识"。创新力度较弱，产品长久未更新，体验性旅游产品开发挖掘不深入，体验的参与性和生动性不够，多为静态的观光游览。文化氛围营造不足从而导致城市旅游形象单薄，缺乏足够的旅游吸引力。景区周边服务配套匮乏，规划体系不完善，景点服务设施陈旧、落后，管理权属复杂，部分还存在接待能力不足的问题。

二、加强统筹领导，实施"多级联动管理"

德化县政府在文化旅游融合发展战略中发挥统筹、指导、协调的作用，相关部门、企业和景区由政府指导、协调、组织、支持、规范产业发展，建立政府管理部门之间的协调机制，定期举行联席会议，先后出台了《德化县旅游资源开发、管理和保护规定的通知》《加强旅游项目生成管理的通知》《关于进一步扶持旅游产业发展优惠政策》等政策法规，鼓励跨边界产业合作的相关政策。相关政策为德化县旅游开发管理、项目引进、文旅产业融合发展工作提供了政策依据，促进其贯彻、实施、推进。在推进文旅融合发展中，较早完成机构重组，成立的德化县文化体育和旅游局负责具体统筹全县全域旅游和文旅融合各项工作，以利于步调一致地完善顶层设计，突破文化、旅游原部门的业务局限，提高处理、执行、协调效率，促进文旅业发展，为体制机制的进一步创新打下基础。

全县上下大力实施全域旅游和文旅融合战略，已逐步形成了"市—县—乡镇—村"的多级联动管理格局，统筹协调、全力推进各项工作，启动和实施德化文旅融合示范区创建工作，扎实推进各项旅游规划、方案、论证会的进行。成立文旅集团、协会，统筹调配资源，促进产业和各部门协作。

建立统一开发、保护、管理的协调机制，构建"政府主导、市场主体、部门协作、上下联动，广泛参与、齐抓共管"的文旅产业发展治理格局。

政府为德化旅游企业构建泛旅游产业协作平台，积极推进区域间的通力合作，建立畅通的联系机制、合理的协调机制，促成旅游产业链上下游企业积极协作，如生态农业、商贸服务业、休闲旅游业等。帮助企业协调项目开发、运营过程中遇到的跨部门、跨行业、跨地域难题，协调项目开发运营过程中的各方利益，保障项目顺利推进。同时统一打造德化旅游形象与品牌，主导项目推介与营销推广，定期举办推进全域旅游、文旅融合、区域旅游合作的"论坛"，全新打造德化旅游新形象。

三、促进产业协作，开发"重点招商项目"

依据官方发布的德化旅游对经济贡献率，旅游产业逐步成为德化的战略性支柱产业，产业定位目标已经实现。德化县旅游业完全有条件、有基础、有潜力发展成为全县国民经济的支柱产业，并能成为德化县的特色产业、优势产业、形象产业和对外开放的先导产业和新的经济增长点。德化县政府依托旅游资源及相关产业发展基础，推进旅游业与陶瓷文化、农业、养生、体育、商贸物流、商务会展等产业之间的融合，创建省养生旅游示范县，举办相关产业节庆与商务旅游活动，推进上涌镇曾坂村、国宝乡佛岭村等重点地区项目招商引资工作。德化全县将旅游业高质量发展，用全域旅游和文旅融合战略的各项工作加以贯彻实施，广开思路，外引内培，招商引资，使文旅产业成为德化现代服务业对外展示的窗口。深化旅游发展六要素（餐饮业、住宿业、商务购物等），增强要素产业的旅游吸引力，力求打造文化和旅游产业融合创新示范的德化样本。

目前德化招商引资仍然有其不足。首先，招商层次仍不高，招商引资相关产业链较少，引进的项目以中小项目为主，产业层次低，一般处于产业链末端，资源利用型、生产服务型、集群延伸型、劳动密集型等产业的引入仍占招商引资项目的很大比重。其次，招商引资中的文旅融合业态和产品缺乏。德化历为泉州下辖县，与毗邻县市应错位发展，大力集中凸显特色。目前，招商引资项目集中在与陶瓷产业关联的产业，与旅游产业的发展渗透度不够，与文旅融合的主题相关性不大，凸显陶瓷文化与旅游产业深度融合的产品不足，未能与德化其他优势资源如文创、设计、民宿、康养、研学等有机衔接，体现高质量文旅融合的业态、产品和产业链开发不足。另外，在利用外资方面，未能开展以陶瓷文化为主题的标志性工程的招商引资项目，未形成文旅融合的产业效应、品牌效应、规模效应和集群发展，在与现代服务业、文化创意产业、生态旅游、主题民宿聚落、康养研学、数字文旅等领域的融合发展方面，尚未得到较大突破。

四、推进以文促旅，搭建"智慧旅游平台"

德化县成立智慧旅游工作领导小组，明确责任目标和责任人，以此加强对智慧旅游工作的组织和领导，并制订《德化县创建"福建省智慧旅游试点县"工作方案》。2014年7月，德化县被列入首批"福建省智慧旅游试点县（市、区）"。2015年10月，德化县政府出台《德化县人民政府关于推进"互联网+"行动的指导意见》，提出"互联网+旅游"的规划架构。2019年，德化政府打造的"德化旅游"云平台上线，贯彻县委县政府"三五三"战略，擦亮"全域旅游"名片跨出的第一步，将智慧旅游与文化资源相结合，开辟了"德化旅游"宣传展示新窗口和正式启动福建智慧旅游试点县相关工作，造就了丰富多彩的文化旅游新模式。

推进德化县智慧旅游一期建设项目，按照"1+2+N"架构，形成一中心、两大平台、N个智慧旅游互动终端应用。"一个中心"指智慧旅游全景指挥中心，"N个终端"指APP、微信端、互动电视旅游云平台、二维码导览牌等多互动终端，"扫一扫"即可直接进入全域旅游导览服务，让游客深度感受德化的陶瓷文化、自然风光、特色美食等。明确智能终端APP、智慧型景区、智慧服务平台建设等包含的智慧服务体系，丰富发展策略、景区导览、交通导览、设施导览内容；加快旅游信息化建设，推进旅游电子商务建设，完善德化旅游网，及时传达德化旅游相关信息，提供网上咨询、预订、销售、论坛等服务；促进新技术应用与大数据应用研究，通过构建具有当地特色的旅游IP，深度挖掘德化文化和旅游资源内涵，推动当地旅游发展进入极致体验、智慧管理、绿色生态新时代，促进文化旅游业态向综合性和融合型转型提升。

第四章 问题分析

一、文旅融合产品供给侧结构趋同

德化县文旅融合处于刚刚起步状态,对于自身特有的陶瓷文化、海丝文化挖掘程度不够,导致其旅游产品开发层次较低、缺少创意、迭代迟缓,从而使现有旅游产品市场同质化严重,当地旅游产品设计的生产企业业务水平亟待提升。并且缺乏引擎产品、龙头企业的推动,当地产品市场的整合度和利用率有待提高。开发旅游产品更多的只局限于观光型,没有挖掘出体验型、休闲型、康乐型等全方位的旅游产品,多元样式业态没有得到发展,景区偏向传统旅游产品,体验度不高。

二、文旅融合深度广度程度显不够

德化县自身文化资源底蕴极其丰厚,陶瓷文化、海丝文化、红色文化、宗教文化、农耕文化等具有极高的文化价值,但是这些优质的文化资源尚未和旅游业进行全面完善的融合关联。文旅融合纵深发展不足,德化县虽现存大量未经开发的古窑址、古地宫、古民居等文化遗址,以及以静态展示为主、体验相对单一的陶瓷博物馆、红色革命展览馆等文化公共服务设施,却由于对其文化底蕴的开发程度不足而未能形成独特的文化优势。同时,德化县以一、二产业为主,自身旅游产业刚刚兴起,自身难以带动旅游相关产业横向拓展,无法形成业态配套、景区联动的模式。德化文化要素产业与旅游要素产业融合仍需深入探索，提升文旅融合深度与广度，延伸旅游产业链条，发挥文旅融合产业优势。

三、文旅融合国际影响力有待提升

德化地区拥有"世界瓷都"称号，自身陶瓷文化别具一格，但国际影响力却略显不足。德化缺乏品牌认知度，对于核心客源地的营销宣传推介模式传统单一，缺少一套行之有效的旅游推介行动计划。近年来虽然有开展一些诸如陶瓷文化旅游节之类的活动，但是整体水平不高，规格不够，没有形成系列品牌活动，影响力不足。其次，德化对泉州"海丝"文化的对接程度略有不足，与海丝沿线国家和地区之间的旅游合作尚未取得成果，使得"世界瓷都"的独特魅力难以彰显。德化存在基础设施对国际活动聚集的承载能力尚不够、城市服务环境有待改善等制约因素。

四、文旅融合专门复合型人才不足

文旅融合背景下行业对人才的需求是复合多维度的，呈现多方位立体化形态，顺应市场需求行业应构建复合型专业人才、创意型服务人才、品质生活服务人才、理念实践类人才培养体系，让懂文化的人做文旅融合。且德化县地处山区，经济发展相对滞后，本身难以吸引和造就掌握文化旅游市场规律、熟悉国际市场规则、精通市场策划的复合型人才。同时，以文化作为载体导入的旅游复合型人才少，专门复合型人才的短缺影响了全县旅游业总体水平的提升。目前德化对于旅游人才的培养、培训和引进工作相对滞后，对该种类的人才培养上措施不多、力度不够，还未形成一套有利于此类人才发挥的激励机制。缺乏按现代市场的要求对营销人才进行培育的机制，企业难以造就复合型人才，这严重制约着德化县文旅融合的进程。

第五章 总体战略

一、指导思想

以习近平新时代中国特色社会主义思想为指导，以习近平对文化旅游和文旅融合发展系列重要讲话精神为引领，牢固树立和贯彻落实创新、协调、绿色、开放、共享的发展理念，践行"绿水青山就是金山银山"，以满足人民群众的精神文化需求为出发点和落脚点，以改革创新为动力，着力推进德化文化旅游深度融合。打响"世界瓷都·自在德化"品牌，做好"海丝瓷旅"文章，宣传和推广"海丝瓷源，文旅德化""玩转文艺新德化""与瓷相遇，从此文艺""文旅德化，瓷都新貌""海丝文艺休闲新瓷都""发现德化之美""瓷情瓷景、漫游德化"等德化文旅融合宣传营销口号，努力将德化建设为文旅深度融合的独具特色的世界陶瓷文化旅游中心。

世界瓷都（德化）文化与旅游的融合发展，是文化旅游与旅游文化共融共生的发展需要，具有丰富内容和意涵，是福建省、全国乃至世界闻名、独具特色的瓷文化、礼文化、海丝文化、绿色生态、非物质文化遗产、文化创意产业、节庆民俗等各剖面文化和旅游资源价值的更新发展和地方创生的生动案例地和试验田，以此创建德化为省内乃至全国的文旅融合示范区，打造文旅融合发展的"德化模式"。

突出主题、功能、业态、产品，强调融合和创新，对陶瓷文化主题和文艺休闲生态旅游文化内涵加以提炼、精准营销，做出具有融合示范效应的发展经验、模式和路径，基于地方理论视角和在地营造模式，坚持突出文化旅游和旅游文化的深度融合的地方特色，凸显德化瓷都文化和休闲生态旅游两大文旅品牌融合优势，促成文化和旅游融合发展，推动德化示范区"宜融则融、能融尽融、以文促旅、以旅彰文"发展样本的形成。带动德化全县产城融合、全域旅游、文旅产业、地区经济社会等高质量发展，凸显文化、旅游和地域特色，突出示范效应，以文化和旅游融合发展的德化示范区规划创建，促成文旅融合发展模式和路径的地方实践和样本经验，推动深化供给侧结构性改革和创新发展，引领社会经济高质量可持续发展。

二、战略定位

1. 新时代推动文旅高质量发展的引领区

根据德化陶瓷文化在我国占有的独特地位，科学做好陶瓷文化与旅游融合规划设计，全面挖掘、保护和合理利用以海丝陶瓷文化为核心的特色文化资源，推动引领文旅融合高质量发展的新引擎。

2. 以文促旅以旅彰文的融合实验区

做强一批文旅融合发展典型性、重大性、标志性项目，将德化建成以文促旅、以旅彰文、文旅融合发展的实验区。提升文旅设施和服务管理水平，加强文旅标准化建设，开展文化和旅游行业标准化示范试点，以示范区标准化水平的提高带动文旅服务品质的提升，借助海丝陶瓷文化促进德化旅游，通过发展旅游来彰显海丝陶瓷文化。

3. 探索文旅融合发展的机制创新区

深入探究文旅融合产业的发展特征与规律，通过体制机制创新行动，挖掘文旅融合发展潜力。设计全面、立体和富有创新性的机制体系，依法和正确处理保护与利用、事业与产业、管理与服务等方面的关系，既有机融合，又责权分明。以文旅融合发展为契机，谋划机制创新，构建以陶瓷文化和海丝文化为线索和立意的创新发展平台和新合作机制，如"新瓷帮古道""海丝文艺走廊"等，进一步创新要素保障、市场运作、开放带动、富民共享、竞争激励等机制，为更大尺度和范畴内的区域经济社会高质量发展和协同创新起到引领示范作用。

4.创新文旅产业融合模式的示范区

基于文旅产业融合深度、广度、创新度不足等发展瓶颈，启动和实施"凸显优势、深入挖掘、创意开发"的融合理念，进一步推动世界瓷都德化的文旅"真融合""深融合""广融合"。以陶瓷文化为核心，通过将潜在的优势资源挖掘出来，将现有优势资源充分整合，创新业态、产品、产业链，进行资源的有效开发利用，推进文化和旅游融合的可持续发展。在陶瓷文化与旅游融合的基础上，加大文化创意、设计、非遗、主题公园、乡村田园、康养、民宿等理念的融入，提高融合深度、广度、创新度。塑就"生态先行，文旅创新"融合范式，"添绿、留白"，凸显文旅德化的瓷都新貌，为"生态+文旅"发展模式提供示范性样本，促进德化文旅融合的创新示范作用彰显。

三、规划目标

全面且系统地挖掘、保护和合理利用以海丝陶瓷文化为核心的德化特色文化资源，进一步提升以生态休闲为主题的旅游载体效能，推动德化文化和旅游高质量融合发展，促进产业结构不断优化，创建德化"海丝文艺休闲新瓷都""海丝瓷源，文旅德化"文化和旅游融合国家级示范区，打造文旅融合示范区的"德化模式"，努力将德化建设为文旅深度融合的独具特色的世界陶瓷文化旅游中心。

围绕德化陶瓷文化旅游的核心主线，以"泉州：宋元中国的世界海洋商贸中心"申遗为契机，主动融入泉州文旅发展，面向"海西、海丝"，做好"海丝瓷旅"文章。大力推动屈斗宫、祖龙宫、梅岭窑、月记窑等德化窑各申遗点的保护、传承和利用，大力推动九仙山、云龙谷等景区提质增效，做好德化文旅形象口号的宣传营销，以创建和打造"一赛三馆四区八厂十窑百大"六项工作为抓手，做好德化文旅融合标志性工程、先行示范重点推进项目的谋划和实施，积极、主动推进德化文旅融合示范区创建的各项工作。

再创建一批国家级、省级文旅融合特色文化产业园区和示范基地，重点建设顺美瓷艺融合、洞上陶瓷村文创融合、云龙谷文化生态休闲融合等文化旅游融合重点示范样板点项目。

进一步做好德化文旅融合呈现年、推进年的各项工作，绘制蓝图、提升形象、扩大品牌、实现愿景。助推德化文旅产业事业的全域融合共济，促进德化全域经济社会高质量发展。

推动实施"一连二合，五伴六传，九承十依"德化文旅融合理念和路径：实现"一线相连"，串联德化文旅资源；推动"双剑相合"，文化与旅游深度融合；呈现"五彩相伴"，"红、白、蓝、绿、黄"相伴相生；提炼"六脉相传"，文脉、史脉、地脉、旅脉、城脉、村脉活态传承；重塑"九瓷相承"，瓷都、瓷器、瓷道、瓷礼、瓷艺、瓷传、瓷文、瓷游、瓷话重焕光彩；铸就"十里相依"，山里、湖里、田里、溪里、园里、景里、村里、城里、街里、坊里全域发展。

预计到 2025 年，文化旅游产业发展的主要指标位居全国同类县城前列。2025 年接待游客总量达到 850 万人次，文化旅游总收入超过 150 亿元，全县文化旅游产业增加值占地区生产总值的比重分别达到 25%。通过提升旅游产品的文化内涵，加强文化资源的旅游开发，推出一批文旅精品线路，扶持一批文旅骨干企业，建设一批文旅集聚区，形成一批文旅知名品牌，推动打造国际性文化旅游胜地。

响应和践行福建生态文明先行示范区建设，塑就德化"生态先行，文旅创新"融合范式，为"生态＋文旅"发展模式提供示范性样本。

四、战略任务

创建期从 2019 年至 2025 年，分三个阶段实施。

1. 前期启动阶段（2019 年至 2021 年）

制定争创德化"海丝文艺休闲新瓷都"文化和旅游融合国家级示范区方案，向省文旅厅汇报对接，争取国家文旅部支持。全面摸底、采集海丝陶瓷文化有关文物、非遗、自然资源，实施数字化记录工程。整治示范区文化生态环境，深度挖掘潜在文化资源，合理开发利用。

2. 全面实施阶段（2022 年至 2023 年）

根据"海丝文艺休闲新瓷都""海丝瓷源，文旅德化"文化和旅游融合国家级示范区创建方案，完成十五项重点项目建设。推进提升市、县公共文化旅游服务设施建设，建设六个"海丝文艺休闲新瓷都"文化和旅游融合示范点。总结、全面推广文化和旅游融合示范基地、示范点建设经验。推动标志性工程、十项重点任务和先行示范推进项目等的落实工作。搭建文旅资源展示推广统一平台，实现智慧旅游一站式个性化定制旅游线路平台。

3. 总结验收阶段（2024年至2025年）

实现示范区创建工作科学化、规范化；区域内义化和自然遗产得到有效保护；公共文化旅游基础设施完备、功能齐全，文化旅游产业结构合理，基本形成"海丝文艺休闲新瓷都"文旅融合发展的格局。由文旅部对创建工作进行验收。

第六章　发展举措

一、先行先试，支持鼓励文旅融合国家级示范区创建

以文旅融合为基础，突出德化陶瓷文化旅游和山水生态游憩两大主题，深化跨界融合，推动文旅融合示范区创建。充分发挥德化县陶瓷文化资源，引导文化旅游融合并朝着特色化、差异化发展，形成鲜明特色，激发各领域发展活力，提高德化县陶瓷文化在国内外的知名程度。推动陶瓷传统技艺、德化传统美食、表演艺术等项目在园区聚集转化，开发文旅综合体，培育文旅消费新热点。加快更新步伐，在机制改革初期，在全国范围内形成机制创新的样板区。将"深入挖掘、创意开发"的融合模式在全国范围内推广，成为具有借鉴意义的文旅融合产业模式的示范区。

二、务实稳妥，切实深化文旅融合体制机制改革

加强建设管理，扩大德化县旅游开放，创新机制，抓住乡村旅游兴起的时机，把无形与有形资源变资产，最大限度地利用和节约资源，推动德化县旅游经济更快更好地发展。建立健全文化和旅游工作领导机制，各部门（单位）要分工负责、协同推进，形成党政统筹、齐抓共管的文旅工作格局。建立完善景区管理机构设置激励机制，将景区管理机构规格与全面发展指标挂钩，对发展成效突出、辐射带动力强的国有景区，按规定择优提高管理机构规格。

三、持续深入，着力推进文旅融合重点任务实施

全面贯彻党的十九大、二十大精神，以习近平新时代中国特色社会主义思想为指导，牢固树立创新、协调、绿色、开放、共享发展理念，着力打造"六提工程"，推进十项重点项目实施，打响"海丝文艺休闲新瓷都""海丝瓷源，文旅德化"旅游品牌。有效整合全县文旅优质资源，加强宣传推广，打造文化和旅游融合国家级示范区。

四、多措并举，扶持推动文旅融合标志工程落地

深度挖掘海丝陶瓷文化，围绕"一核三区四轴"空间结构展开文旅融合标志工程的落地工作。通过资源整合、产业链延伸等方式引入多业态工程，秉承着将文化和旅游深度融合的理念，注入更多的文化内涵，打造文旅融合休闲综合体。进一步挖掘文化旅游资源，打造研学旅行、观光工厂等旅游新业态产品，对即将开展的新项目，提供相关政策支持，鼓励扶持发展企业投资，推动新项目招商引资工作的进行，为工程落地奠定良好的基础。

五、提质增效，建立健全文旅融合产业政策体系

基于德化争创"海丝文艺休闲新瓷都""海丝瓷源，文旅德化"文化和旅游融合国家级示范区的发展大目标，将在一定时期内实施内容不同但理念相同、导向相近的政策集合体，构建成既注重宏观目标，又关注内部微观结构的"金字塔"型政策体系：一是围绕促进文旅融合产业主体发展形成的产

业发展引领主政策；二是围绕健全市场监管体系而形成的市场监管主政策，构成"金字塔"结构的第二层级；这两大主政策下，又包含了诸多子政策，其构成了文旅融合产业政策体系的第三级层级。

政策体系目标与主政策、子政策一起，共同构成了我国文化产业政策体系"政策目标—主政策—子政策"的三层级结构，形成了一个正金字塔形的文旅融合政策体系。

六、补齐短板，完善提高文旅融合公共服务效能

通过不断完善政策和保障措施，持续加大财政投入，德化县文化和旅游服务体系建设已经取得了一定成效，但如今文旅融合产业的快速发展，也对公共服务提出了更高的要求。利用文旅融合产业发展，大力推进文旅融合公共服务设施网络建设，重点攻坚公共服务均等化、文化资源整合转化利用和发展队伍建设等短板，建立健全长效运行、投入保障、社会参与等机制，最大化地提升文旅融合公共服务效能。

第七章 区域布局

一、凸显"一核三区四轴"空间结构

一核：城关地区（"海丝瓷都新德化"文旅融合示范核心富集区）

泛城关地区文旅业态产品丰富，文化底蕴深厚。依托"大城关"发展战略，深入挖掘陶瓷文化、海丝文化，全面推进古窑址、历史文化街区、工业遗产保护利用，丰富载体展现形式，培育国家重点文化出口企业，打造特色文化

品牌，做强海丝陶瓷文化名城核心支撑，发挥对福建省文旅经济发展辐射引领作用。

三区：

• **观光游憩文旅融合沉浸集聚区（东区）**

以岱仙山瀑布、桃花岛及桃仙溪景区、石龙溪橡皮艇漂流、塔兜温泉四点连线，打造环石牛山景区观光游憩文旅融合沉浸集聚。开展水上漂流、文化观光、养生休憩等文旅项目，进一步完善发展桃花岛及桃仙溪景区的特色民宿，将塔兜温泉作为重要的养生休憩地，打造东区环链发展。

• **休闲生态文旅融合体验集聚区（西区）**

以云龙谷为生态休闲文旅融合的示范样板点，打造生态青蛙IP主题休闲景区，丰富休闲生态、生态教育等内容，实现多业态共同发展。充分利用国宝乡、潘祠镇、雷峰镇的生态休闲文旅资源，提炼李溪村、潘祠村红色文化和农耕文化内核，开发生态度假、温泉休闲、农事体验、民俗节庆以及红色研学等旅游产品，实现休闲体验旅游和研学教育旅游的一体化发展。

• **乡村田园生态文旅融合赋能集聚区（北区）**

依托戴云山与九仙山秀丽的山水自然风光、历史悠久的宗教文化与红色革命文化、优越的气候条件，打造集观光、朝圣、避暑、疗养、度假为一体的休闲生态文旅融合体验集聚区。同时，曾坂村是千年古村落，清代廊桥、百载老厝等名胜古迹遍布村庄。以"旅居一体"的理念，探索上涌镇"古村落+新民宿"双轮驱动发展模式，重点推进乡村民俗旅游、乡村休闲、田园养生度假等旅游产品开发，实现乡村生态文化与旅游的融合发展。

四轴：

以城关—西区，城关—东区，城关—北区，东区—西区为四条主要文旅发展基轴线，围绕中心城关，形成东西之势，横纵交叠，扩展丰富空间样式和业态功能，划分文旅空间布局。

二、形成"红绿田白蓝地"产业环链

在全县域内，集中和调动各种文旅资源、要素、关系，在空间上凸显"红、绿、白、蓝"等产业业态，形成"产业-空间"的集聚效应和环链效应，促进全县全域文旅融合在深度、广度、向度上高质量发展。

空间维度上的文旅融合产业环链关系为：小环链，即核心区内及三大片区内，文旅融合的培育点、侧重点、示范点"三点齐全"，主要做好区域内各文旅融合的"示范基地"建设，各种业态遴选一到两个进行创建，条件成熟授牌，尽快形成集聚效应、环链效应、表率效应之实，尽快形成文旅融合的空间布局之式，尽快形成文旅融合的产业互动之势，尽快形成文旅融合的全域气氛之示，尽快形成文旅融合的德化示范之事；中环链，即片区之间，串联和连动各片区的资源、产品、业态、交通、人员，实现片区之间的文旅要素的互补、共生、融合；大环链，即核心—片区、片区—轴带等更大范围的域内各空间关系之间的互相影响和促进，进而带动和辐射全县，外延、影响到县域范围之外，尽快形成"文艺走廊""丝路瓷源""瓷帮古道"等外向型德化文旅融合发展的新空间形态和机制。具体情况如下。

小环链：建设"中国白"陶瓷文化、海丝文化、红色记忆交相辉映的环城关文旅经济带；建设绿色康养、道教文化、红色基因和谐共生的东部文旅经济带；建设金色农耕文化、民俗文化、休闲文化紧密结合的西部文旅经济带；建设生态观光、乡村文化、佛教文化等紧密结合的北部文旅经济带。

中环链：依托日趋完善的高速铁路干线和高速公路网，充分发挥德化旅游业的拉动作用和融合能力，促进"旅游+"发展，推进旅游业与农业、康养、体育、贸易等领域全面融合，延伸产业链，扩大产业面，打造出有竞争优势的产业集群，构建"大旅游、大市场、大产业"格局。

大环链：整合沿线旅游资源，着重突显陶瓷、海丝、生态和红色特色，提升白瓷文化带、蓝色海丝带和绿色生态带，构建红色革命带，形成全县"白、蓝、绿、红"四带互动。进一步发挥对全县文旅发展的辐射引领作用，构筑德化中部辐射厦漳泉、福州的旅游经济带，提高德化世界瓷都的海内外影响力。各文旅经济带交错连接，相承相续，形成德化文旅业态融合产业大环链，推动建成以"文艺走廊""丝路瓷源""瓷帮古道""遗产文化""工艺美术"等为主要形式、内容、载体的"海丝文化文艺走廊"这一外向型德化文旅融合发展的新空间形态和机制。

三、塑就"两线三瓷多元"文艺走廊

依托古窑口遗址、瓷帮古道、瓷礼、瓷学、古瓷海丝通道，加快高速公路、铁路（高铁、动车组）的规划、接入方案工作，内与各部门协作，外与永春、安溪、惠安、晋江、泉州市各区、永泰、福州市各区联动，谋划、串联、融合两条源于德化的"轴线—域"（北轴域、南轴域），分别连接大福州地区和闽南地区，协同福州地区的脱胎漆器、石雕、木雕、闽剧、油纸伞、海上龙舟、名人故居，协同闽南地区的瓷、茶（安溪）、香、南音、古厝、服饰（惠安）、提线木偶、漆线雕等，重点打造成"海丝文艺走廊"。"海丝文艺走廊"是海丝文化在内容、空间、机制上的创新，与海上丝绸之路一脉相承，是海丝路源文化的内涵承继和外延扩展，是德化文旅融合示范区创建的重要发展思路之一。

"两线三瓷多元"文艺走廊的内涵和外延包括：两线即北线、南线；三瓷即瓷道、瓷源、瓷礼；多元即串联融合连接福州、闽南地区多元的非遗文化。

两线：

具体分为南北两线，依托瓷帮古道，南下至泉州通往海丝起点，串联闽南地方文化、特色民俗文化、非遗文化，例如安溪茶文化、永春香文化、惠安女服饰文化、提线木偶、南音、漆线雕、燕尾脊古厝等；北线用陆路由永泰县通达闽都福州，联动福州地区的非遗文旅项目、民俗戏曲文化和人文景区资源，例如福州三宝"脱胎漆器、油纸伞、角梳"的传统工艺技术、闽剧、"三坊七巷"名人故居等打造南北纵贯线文艺走廊。以德化为核心发展区域，将沿线文化遗产和乡土文化景观连在一起，通过连续的廊道连接方法，集中福州、永春、安溪、晋江、泉州市区等地区的文化旅游资源，串联瓷帮古道、陶瓷博物馆、国际艺术区、民俗风情区等多个单元。

以文化遗产为空间串联，串珠成线，以线贯面，打造自然生态独特、文化形态多样、文化资源富集的文艺文化带，推动塑就海丝区域发展和文化格局的新结构、新机制、新模式，把"瓷源瓷礼瓷道"和"海丝路源—文化遗产"文艺走廊建设成为世界陶瓷文化旅游中心，与闽台、海丝、"一带一路"沿线协同创新，以文促旅、以旅彰文，尽快形成以"瓷帮古道""丝路瓷源""白瓷国礼""遗产文化""工艺美术"等为主要形式、内容、载体的"海丝文化文艺走廊"这一外向型德化文旅融合发展的新空间形态和机制。

三瓷:

瓷帮古道:历史上,德化陶瓷产品通过陆路古道,肩挑或扛抬至永春、永泰等再通过晋江、闽江水路销往世界各地,因此有了著名的"瓷帮古道"。"瓷帮古道"是古时候串联各个古窑址,输出外销陶瓷,繁荣德化乃至大泉州的交通大动脉。寻访文艺走廊,重走古道,我们依然能发现不少古窑址遗址。根据近40年来的普查,迄今全县已发现唐宋元明清历代古瓷窑址238处,古陶窑址6处,窑址遍布全县各乡(镇)。茫茫古道贯通德化与海丝港,重拾古道之旅,感受丰富的历史文化沉积,焕发文艺走廊历史时代魅力,更让人对厚重的瓷都文化多一分敬重。

丝路瓷源:着力打造历史文化与海丝文化有机结合的"寻源问流"德化陶瓷文化游。南部瓷源位于德化县与永春县交际部分,主要路径为:三班镇—浔中镇—盖德乡,此条路线上分布了辽田尖山古窑址、梅岭窑、屈斗宫古窑址、西墩边鼓垄窑、碗坪仑古瓷址等商周至民国时期的古窑址。北部瓷源位于德化县与尤溪县交际部分,主要路径为:上涌村—下涌村—曾坂村—杨梅乡,此条路线上分布了月形仑窑、虎龙头窑、瓷窑坪窑、下坂窑等多为清代时期的古窑址。深入挖掘南北两线的古窑址文化内涵,理清德化陶瓷文化历史脉络,以时代创新精神讲述"德化陶瓷新故事",形成"丝路瓷源"历史文化步径。

白瓷国礼:借助德化"瓷礼"聚焦国之文明、礼之传承、匠之精神、美之弘扬,大力弘扬中国大国形象与文化自信。如今,"中国白"已不仅仅是一种工艺品的名称,更象征中国人民与金砖各国人民之间的深厚情谊,具有特殊的历史意义和很高的艺术价值,成为金砖会议中表达庆贺、友好、敬意的礼物以及中华民族文化与民族精神的独特标识,实现国瓷设计与工业创新的无缝对接,传递中国名片,为文明交流互鉴增添着新的色彩。

多元:

多元,即串联融合连接福州、连接闽南地区的非遗文化、音艺文化、传统手工艺文化等多元文化,打造内容形式多样的文艺文化走廊。依托南线串联闽南地方文化、特色民俗文化、非遗文化,例如安溪茶文化、永春香文化、惠安女服饰文化等多元文化以及提线木偶、南音、漆线雕、燕尾脊古厝等文化资源；依托北线用陆路由永泰县通达闽都福州，联动福州地区的非遗文旅项目、民俗戏曲文化和人文景区资源，例如福州三宝"脱胎漆器、油纸伞、角梳"的传统手工艺文化、闽剧音艺文化、"三坊七巷"名人故居等人文资源。依托南北两条线，形成文化内涵多元、文化形式多样、且源于瓷都德化的文艺文化走廊。

第八章 重点任务

一、培育一批标志性引领性文旅融合枢纽工程

1. 陶瓷历史文化与旅游休闲融合的"提创"工程——德化城关"东-西瓷厂文旅融合示范街区"新空间创生

规划东瓷厂历史文化街区：以红旗古陶瓷厂、屈斗宫、祖龙宫等文化遗址为依托载体，在红旗瓷厂历史风貌区保护提升工程基础上，扶持做大做强"东瓷厂历史文化街区"重点标志工程项目，在原有文化旧址上，规整重建，修旧如旧，以中国陶瓷历史文化特色街区为定位和导向，打造以"考古遗址公园+陶瓷文创街区"为共生模式的文博文旅产业生态圈。

打造具有"世界风范、古街风韵、时代风貌"的德化屈斗宫国家考古遗址公园。结合"古刺桐"申遗的重大战略机遇，加快推进以屈斗宫为核心的大遗址整体保护，突出古窑址历史环境与风貌特色，提升古窑址保护展示水平。通过遗址保护、文化教育、义化旅游交叉互动，形成德化文旅项目集群

效应,打造以陶瓷文化为主题,集考古研究、博览展示、参观游览、民间信仰为一体的多功能公共空间。以"旅游+考古"打造德化城关文旅新名片,创建具有世界影响力的德化屈斗宫国家考古遗址公园,使其成为烙上历史印记的文化新地标。

打造具有"世界风范、古街风韵、时代风貌"的世界陶瓷文化遗产公园。开展与德化陶瓷文化相关的技术技艺、祭祀活动、民俗活动等,开设古陶瓷手工艺讲座,老手工艺人再现陶瓷手作流程,活化和赋新以海丝文化、陶瓷文化为重要内核的德化文旅融合产品体系和业态。

整合提升原德化第一瓷厂、第二瓷厂(红旗瓷厂),打造时尚风情的陶瓷文化创意集聚区、世界瓷都的工业旅游典范、国家5A级旅游景区。充分依托工业文化,开发文创产品,提升工业文化旅游的附加值,建设"工业+旅游+文创+商业"产业融合的陶瓷文化创意设计中心。

以"文创产业、艺术产业、文教科普"为元素,拓展产业链上下游,构建"文化遗址公园"与"工业旅游"并行的西瓷厂历史文化街区,打造"景城同建,主客共享"的繁华新瓷都。突出文化性、传承性、代表性,打造未来德化文旅融合示范区的重要文化地标。

规划西瓷厂文创休闲街区:以县城城关陶瓷街后的古瓷厂为依托载体,串联起陶瓷街,扶持做大做强"陶瓷街西瓷厂文创休闲街区"重点标志工程项目,在原有规划和现有基础设施和条件上,提质增能,扩展和丰富空间样式和业态功能,重新规划特色文化区、休闲观光区、多元购物区、美食娱乐区、室内游玩区等功能区,形成以文创街区为定位和核心功能的大中型文旅融合型创意文化街区。重构空间布局及产业业态,将陶瓷元素融入商铺形象、家居服饰、艺术品等,运用"文化化、精致化、创意化"方法构建富有内涵的空间符号、呈现出符号化的休闲消费空间,体现独具魅力的陶瓷历史街区文化。

以大型节事活动提升陶瓷街文创特色形象,设计文创产品、主题演艺等优质产品,加强"原味德化"美食品牌建设,定期举办美食节、音乐节、啤酒节等大型活动,将浐溪两岸打造成多元化的文旅融合体验购物区、复合型餐饮文化空间。

积极进行宣传和营销,招商引资,策划陶瓷文化主题活动,打造海丝陶瓷文化名城城市形象。并且邀请知名艺术家加盟陶瓷艺术工作室,主动承接陶瓷博览会、全省旅游产业发展大会等大型活动,打造德化文旅融合示范区的重点文化区。

作为重点标志工程项目推进的东瓷厂历史文化街区、西瓷厂文创休闲街区,互为依托,相互支撑,形成东西之势,构建文旅之犄,在空间、产业、业态、产品等方面形成功能富集区、文旅地标、融合示范区。

2. 陶瓷文化与旅游体验融合的"提升"工程——顺美陶瓷文化生活馆的文产升级

顺美陶瓷文化生活馆厚植于德化历史悠久的陶瓷与海丝文化,打造集工业旅游、陶瓷文化 DIY、展览营销等为一体的综合产业区,成为游客了解德化陶瓷文化的一个重要窗口。进一步对顺美陶瓷文化生活馆进行文产升级,使其成为德化文游融合发展示范项目。

创设文化体验活动的情景,讲述陶瓷故事,传播德化声音,让陶瓷文物、海丝历史活起来,形成自身独有的研学品牌。打造陶瓷、海丝文化教育基地,开展学生夏令营、陶瓷海丝文化教育科学考察旅游、教学实习,使其成为青少年学生研学教育、陶瓷企业历史文化教育的主要阵地。打造属于德化陶瓷文物、海丝历史的"研学打卡地"。打造集体验、培训、休闲、展厅于一体的手工陶艺体验中心,普及陶瓷文化,用"工匠精神"讲述德化瓷器,用技艺传承延续陶瓷文化。将动漫 IP 与陶瓷结合,打造德化陶瓷文旅 IP 产品,瓷漫结合,开拓文旅产业新业态。依托本身现有的 3D 陶瓷打印设施设备,开发高端定制产品,在保留传统瓷板画特点的基础上,跳出传统观念的藩篱,将瓷板画记忆与现代科技相融合,通过科技化、产业化手段来寻求非物质文化遗产的发展空间。

3. 海丝文化与旅游融合的"提造"工程——打造海丝陶瓷主题文旅小镇

德化作为承载着海上丝绸之路记忆的重要组成部分,应承担起海丝文化与陶瓷文化传承与传播的重任。"海丝风情"小镇的建造,不仅是历史记忆的重现,更是对陶瓷文化的诠释。借助"海丝风情"文旅小镇、摩洛哥风情园、海丝陶瓷主题园的建设，活化陶瓷文化，展现一个动态的海上丝绸之路博览会，使其重现生机。

"海丝风情"文旅小镇：仿照海丝沿线国家建筑结构与样式，结合"德化陶瓷主题"打造海上丝绸之路的缩影，留住海丝时代陶瓷贸易的信息与印记。融合南亚风情、东南亚康养中心、古巴比伦文明艺术、神秘国度古埃及等海丝沿线国家风情，打造海丝主题游乐园、海丝异域风情民宿、德化瓷主题餐厅等旅游打卡地。根植于德化海丝文化与陶瓷商贸史，体现海丝文化与陶瓷文化的特色和内涵，打造独具特色和历史传承意义的海丝主题品牌产品。

"摩洛哥风情园"：摩洛哥风情的文艺特质与德化文艺瓷都的定位不谋而合，传统文化与现代艺术的融合传承在摩洛哥与德化的发展过程中展现得淋漓尽致。摩洛哥"白色"卡萨布兰卡、"蓝色"舍夫沙万与德化的海丝文化、白瓷文化交相辉映，摩洛哥的彩色陶瓷、金属工艺品与德化的"中国白"陶瓷、民俗工艺相融相交。摩洛哥风情与德化独特的地方文化具有一定共生性，定位"摩洛哥风情"，打造系列文旅特色小镇、主题公园、文旅特色村庄，创新德化文旅融合发展路径。摩洛哥风情园内以摩洛哥小镇为主体，以德化白瓷与摩洛哥彩瓷相融合，在小镇内重点打造蓝色之城主题公园以及格桑花紫海乐园，展现阿拉伯色彩与欧洲风格相统一的异域风情。

"海丝陶瓷主题园"：明确定位，重点挖掘以德化陶瓷文化为核心的海丝主题。在选址方面进行"我为路所用"到"路为我所用"的思维转变，在城关、东区、西区三区交汇之处，充分发挥公路优势。同时整合德化古窑、陶瓷产业园及周边山坡沟谷乡村及庞大的陶瓷消费和旅游群体等旅游资源，利用德化白瓷的材质特点和制作工艺，重点打造一个集德化古窑遗址历史传承、休闲旅游、研学实践于一体的特色主题公园，展现"海丝陶瓷主题园"的传承创新与文化风采。

4. 道教文化与旅游融合的"提效"工程——石牛山片区的景质优化

德化石牛山国家森林公园地处福建"闽中屋脊"戴云山脉的腹地，是省级森林公园、国家森林公园，它也是我国东南地区重要的生物多样性基因库。优越的自然条件，孕育和保存了丰富的野生动植物资源。石牛山历史悠久，人文史迹源远流长，是闽南道教名山和红色旅游圣地，拥有丰富的文化内涵和深存的历史底蕴。

德化石牛山景区在保持自身资源、区位优势的同时，进行改造提升工程，争创国家 5A 级旅游景区，目标到 2025 年，打造成国家级旅游度假区。同时进行产业升级，将石牛山景区打造成集旅游观光、度假疗养、探险猎奇、生物研究、科普教育和革命传统教育为一体的多功能国家森林公园。

依托石牛山景区"岩寺怪石—老君坐骑""道教祖殿—石壶祖殿"等道教文化传说远播闽台及海外，拥有众多信徒的优势，打造"道教名山"；依托本身得天独厚的地理条件，打造野游营地，吸引户外爱好者、徒步爱好者进行露营野炊和户外探险等旅游活动，建设景观天台，便于天文爱好者、摄影师欣赏石牛山日夜之美；依托自然山水景观，融合旅游演艺，将景观与科技结合，打造印象石牛山实景演绎产品，借旅游演绎提升石牛山旅游区的知名度。

整合石牛山自然山水资源、革命历史文化资源，开展自然山水生态保护研学旅行示范基地和红色文化爱国主义研学旅行示范基地的建设，打造属于石牛山生态文化、红色文化的"研学打卡地"。同时，依托美丽乡村的农业基础，开展以乡村休闲为载体的农业研学旅行。以美丽乡村游为主题打造集旅游度假、商务会议、宴会餐饮、健身娱乐、养生水疗、芳香理疗、亲子娱乐等功能于一体的温泉酒店，周边配套文创农业生态园，培训教育基地。

5. 乡土文化与旅游融合的"提能"工程——曾坂村的文旅赋新

曾坂村位于德化县上涌镇的东北部，地处莲花峰山东麓、涌溪峡谷地带，有曾坂、党洋、山茶 3 个自然村。依托当地文化旅游资源禀赋优势，推进国家 3A、4A 级景区创建，打造德化"归园居田园文旅综合体"。

打造国际文旅融合新民宿聚落地标：结合"闽宿"区域品牌，探索"古村落+新民宿"双轮驱动发展模式，完善民宿提质增效、品牌发展和制度建设。推进曾坂村"瓷光山色两相宜"特色民宿品牌建设，打造"漫步山庄""绿野仙居""稻田书屋""坂里小宅"等系列传统文化与现代艺术相辉映的特色田园栖居民宿。同时开展"农户+企业+村集体"的新型民宿合作模式，对文化特色、民宿赋能、带动示范方面提出更高的要求。引领乡村旅游从单一民宿到业态多元，打造具有国际核心竞争力的中国高端乡村度假旅游目的地，走出一条乡村旅游向产业化、品牌化、国际化发展的道路。

创建海丝研学综合示范基地/营地：依托曾坂村深厚的历史文化资源，弘扬曾氏文化世家优秀家风文化，进一步修建祠堂、纪念馆等教育基地，举办家风家训系列讲座，例如乡贤为游客讲家谱、授国学、教礼仪；建设家风标语文化走廊、"群英谱"艺术长廊，形成家风家训体验式课堂、户外学堂；结合海丝文化开展冬夏令营、家风主题游学等活动，打造海丝研学综合示范基地。

打造特色乡土文化旅游品牌：创立"曾坂人家"农产品自有品牌，通过智慧旅游平台，以OTA模式进行推广，逐渐打造体现乡土特色、绿色生态的旅游产品。举办迎香祈福、地方特色庙会活动和乡村嘉年华。推出一系列包含传统节庆活动和民俗文化体验的旅游产品，包括民俗文化及文艺演出、丰收趣味竞赛、农耕文化体验、乡村美食节，传承传统乡村民俗文化。展示省级历史文化名村的文化魅力，推动乡村振兴。

6. 综合型文旅融合示范基地的"提质"工程——云龙谷景区的融合再造

云龙谷景区位于素有"闽中屋脊"之称的戴云山南麓，区位优越，交通便捷。依托溪流、峡谷、森林等自然资源，按照4A级旅游景区标准规划打造，综合提升佛岭古村落、金蛙送福、纳福公园、丛林穿越、研学扩展基地等景点，创建集旅游观光、研学素拓、商务会议、休闲娱乐、科研科普等为一体的综合型旅游风景区。

有序开展文旅融合示范基地及创建4A级景区工作，提升云龙谷旅游资源保护与开发水平，加快推进云龙谷景区文旅融合示范基地实施进程，进一步增强云龙谷景区"一带四区"布局建设，推动云龙谷、云龙湖文旅融合业态及功能的整体提升。

加快景区外围文旅业态整合提升工程。完善集练习、挑战、惊险、刺激、穿越于一体的丛林穿越闯关区，分设儿童丛林项目，完善设施安全保护工作；扩建亲子互动场地，增设亲子体验互动的游乐项目，让沉浸式亲子互动碰撞旅游新市场；提升生态旅游观光公园，将纳福广场围绕金蛙为主题打造一系列原生态旅游观光景色，打造德化"聚福之地"；完善水库保护、休闲步道建设以及云龙湖周边体育休闲赛事承办。

加快研学营地、青蛙 IP 酒店等文旅产品建设。在军事理念与拓展技术相结合的基础上，增设陶瓷制作体验项目，建立专属的服务体系、体验课程、教学方式，打造研学旅行独特品牌；利用青蛙 IP 形象在云龙谷外围景区打造特色民宿金蛙酒店，酒店内将通过民俗、康养等体验形式，开展民俗体验、温泉疗养等活动；规划多种亲子和青少年休闲娱乐项目，利用青蛙 IP 形象，规划迷你青蛙馆、科普馆、青蛙主题乐园、青蛙卡通社区等游乐设施。

二、实施一批文旅融合规划发展的重点项目

1. 培育若干个国家高 A 级景区

着力再培育、创建和遴选若干个具有文旅融合示范性的国家高 A 级景区，如：德化屈斗宫国家考古遗址公园、世界陶瓷工业文化旅游区、九仙山 5A 级风景名胜区、石牛山 5A 级风景名胜区、戴云山诗意休闲生态森林中心、云龙谷景区文旅融合示范基地及 4A 级景区。

实施一系列景区景质提升工程。整合提升原德化第一瓷厂、红旗瓷厂，规划建设现代陶瓷工艺体验中心、陶瓷文化创意设计中心、陶瓷科技创新体验中心、"全瓷"创意生活街区、陶瓷文化艺术街区、DIY 陶艺空间。

以石牛山、九仙山、戴云山、云龙谷为依托，打造特色旅游观光区。完善石牛山景区周边系列配套设施，打造"道教名山"，开展木瓜坑极限山谷项目、印象石牛山水上实景演出，打造石柱研学村、塔兜野奢温泉度假区；开展九仙山景区再建造工程、九仙山营地项目，依托九仙山气象奇观加强精准营销；建设戴云山森林旅游中心，开展野生动植物观赏旅游、森林垂直带谱生态回归游、科学考察旅游、健身疗养度假旅游、森林探险旅游；增强云龙谷景区"一带四区"布局建设，建设丛林穿越闯关区、亲子互动场地、生态旅游观光公园、特色民宿金蛙酒店，打造研学扩展基地，举办周边体育赛事。

2. 打造若干个"文旅融合新地标"

文化地标与城市景观风貌塑造、文化旅游产业发展、城市品质提升和创新创意经济培育形成联动，共同提升城市社会经济和文化的活力，凸显德化个性与魅力，提升、更新和打造若干个德化"文旅融合新地标"。

以申报世界文化遗产为龙头，打造德化屈斗宫国家考古遗址公园，建设屈斗宫古窑址核心保护区、海丝传奇文化体验区、祖龙宫历史文化休闲街区、瓷都人家古民居生活社区，实现遗址保护利用、文化旅游、休闲观光共同发展，形成德化多元化文旅融合发展新地标。

建设瓷都大道、陶瓷博物馆、浐溪观光带、德化白瓷网红墙、红旗瓷厂文创街区、海丝大厦、白瓷电视塔等德化文化地标，加快地标性载体的升级改造，加快路径活化和要素创新，以艺术设计、工艺美术、美学国礼，赋新文旅融合新地标的形塑和推广，推动标志、标杆工程落地。积极引入和打造精品，考虑学习日本、韩国经营模式，突出德化"新文旅"特色，定位"海丝风情""摩洛哥风情""地中海风情"，如：海丝文旅小镇、摩洛哥小镇、蓝色之城主题公园、格桑花紫海乐园、普罗旺斯村、地中海爱丽丝庄园、薰衣草休闲农场、小王子主题文创区。以创新和内容为引领，促进形成良好的德化文旅融合发展的品牌美誉度和营销口碑。

3. 扶持若干个文旅融合示范基地

着力培育、扶持和挂牌若干个文旅融合示范创建基地，如：顺美陶瓷文创园、洞上陶艺村、陶瓷街、"中国白"艺术馆等，坚持"宜融则融、能融尽融"原则，加大资金与政策的扶持，强化技术在产业中的支撑作用，拉高标杆、补齐短板，在现有的基础上进行创新改进、文产再升级，重点将文化欣赏、研学、体验融入到旅游过程中去，打造富有核心竞争力的文化吸引力。利用若干个文旅融合示范基地的先发和带动作用，加强各景区之间的交流与合作，形成联动发展，推动文旅融合示范区建设中的具体项目的落地和跟进。

4. 再造若干个文旅融合示范新空间

对原有的文化遗产景区、特色城市区域进行空间上的延伸、拓展和再造，形成文旅融合的集聚空间，提质打造城乡文旅融合示范新空间，做足地方营造、地方创生的"文旅融合"文章。对于自身景观资源相对不足的旅游地空间，增质提创，结合丰富的德化地区文化特色，进行文旅融合景观提升工程，再造旅游地空间的文旅融合景观化。

德化城关区提升改造工程在龙津桥头建设"世界瓷都"陶瓷文化景观墙；曾坂村建设家风标语文化走廊、"群英谱"艺术长廊；洞上陶艺村、顺美陶瓷文化生活馆、中国白·得心酒店进行资源整合，规划建设一批陶瓷文化长廊、陶吧、陶瓷五行柱、陶瓷文化墙等文化展示工程。

5. 着力构建"海丝文艺走廊"

依托德化地区海丝文艺资源禀赋与独特性，将德化区域海丝文艺资源进行有效组织，形成特定的文化艺术空间，开展出于德化止于闽南的"海丝文艺走廊"或"海丝文化陆路走廊"可行性方案的论证和后续工作，进行"海丝文化"内容、空间、机制上的创新。

加速建设交通基础设施，增强德化区域与临近市县交通通达度，加快高速公路、铁路（动车组）的规划与接入方案工作；内与各部门协作，外与永春、安溪、惠安、晋江、泉州市各区、永泰、福州市各区联动。重点打造"两线三瓷多元"的"海丝文艺走廊"，其中两线即北线、南线；三瓷即瓷道、瓷源、瓷礼；多元即串联融合连接福州、连接闽南地区多元的非遗文化。尽快形成以"瓷帮古道""丝路瓷源""白瓷国礼""遗产文化""工艺美术"等为主要形式、内容、载体的"海丝文化文艺走廊"这一外向型德化文旅融合发展的新空间形态和机制。

6. 实施文化遗产保护利用项目

深化文物保护利用改革，加强革命文物集中连片保护利用，着力再培育、创建和遴选若干个国家级、省级的文物保护单位，如：九仙山古刹及附属文物、大兴堡、辽田尖窑址、永革桥、厚德堡，重点开展工作。积极推进海上丝绸之路，加快古窑口申遗步伐。开展红色遗址研学游、云溪村青石古堡古道游、重走瓷帮古道等游览活动。

深化非物质文化遗产保护，着力再培育、创建和遴选若干个国家级、省级非物质文化遗产（含民俗节庆类），如：雷峰镇李溪村耕牛节、上涌镇龙虎旗传统民俗活动、浔中镇石鼓村八音、祭樟树王习俗、龙窑建造技艺、杨梅乡云溪村慈济宫"过关"祈福活动，挖掘传统村落的文物遗迹和非遗文化，加强非物质文化遗产生产性保护。

7. 实施文旅精品线路推广项目

有效整合全线文旅优质资源，加强宣传推广，重点打造"国际生态休闲旅游线、世界海丝陶瓷主题旅游线、归园田居康养旅游线、美丽乡村特色文化旅游线、城关都市特色街区旅游线"5条德化文旅精品线路。

重点打造由国宝线和南埕—水口线组成的国际生态休闲旅游线；由海丝

文化、特色博物馆、历史遗产、文创体验四个部分组成的世界海丝陶瓷主题旅游线；由雷峰线、赤水—上涌线、浔中线、龙浔—盖德线组成的归园田居康养旅游线；由农耕文化和红色文化两部分组成的美丽乡村特色文化旅游线；由瓷都大道、西瓷厂文创休闲街区（含陶瓷街）、浐溪南岸休闲街区、东瓷厂陶瓷历史文化街区、石鼓美食村、南埕夜游风情区组成的城关陶瓷特色街区旅游线。促进文旅精品线路宣传推广，加强精准营销。

8. 实施文艺精品创作展演项目

扶持陶瓷文创产业园建设，加大文艺创作生产扶持力度，实施山水实景演艺文化精品、重大主题美术创作工程。以陶瓷发展历史等为基础，创作影像志、话剧、歌舞剧、影视剧、综艺活动等，包括实景舞台剧展演、陶瓷文化纪录片等内容。

打造《印象南埕》山水实景灯光展，推进夜间演艺；创作《瓷海茫茫，文脉永续》德化陶瓷海丝文化历史影像志，搭建陶瓷文化多元传播展示平台；融合白瓷文艺，在景区建设中积极开展海丝白瓷文艺演出活动；于桃仙溪及桃花岛景区打造全新浸入式、全视野、全流域的河流剧场《桃花源记》；建设海丝主题乐园及文旅小镇中的文化科技产业基地、大型演艺中心；在云溪村、曾坂村等传统村落举办民俗文化旅游节，开展民俗演艺活动。

9. 做好"海丝瓷旅"六项抓手工作

围绕德化陶瓷文化旅游的核心主线，以"泉州：宋元中国的世界海洋商贸中心"申遗为契机，主动融入泉州文旅发展，面向"海西、海丝"，做好"海丝瓷旅"文章。推动创建德化文旅融合示范基地、示范点，进行重点宣传和营销。大力推动屈斗宫等德化窑各申遗点的保护、传承和利用，大力推动九仙山、云龙谷等景区提质增效，做好德化文旅形象口号的宣传营销等工作。

以创建和打造"一赛三馆四区八厂十窑百大"六项工作为抓手，作为德化文旅融合先行示范重点推进项目，积极、主动做好创建德化文旅融合示范区前期准备工作。"一赛"，是指世界陶瓷文化旅游产品创意设计大赛；"三馆"，是指德化陶瓷博物馆等三馆的创建工作；"四区"，是指德化陶瓷古窑区、陶瓷创客区、观光工厂区、历史文化街区的示范区及园区创建工作；"八厂"，是指重点开发德化具有代表性的八个陶瓷工厂的保护、传承、商务、观光功能，推进创建文旅融合示范点、示范基地工作;"十窑",是指对屈斗宫、祖龙宫、梅岭窑、月记窑等十个重点德化古窑口的提升、打造、营销;"百大",是指评选德化百位陶瓷烧制和艺术文化传承大师,通过他们积极推广和营销德化白瓷文化的国际知名度、美誉度、影响力,促进文旅融合示范工作的推进。以"六项抓手"为提领和切入点,遴选优秀形式、内容、载体和单位,创建德化文旅融合示范基地、示范点,进行重点宣传和营销。

围绕"六大抓手",梳理、细化和落实创建工作中的各项任务,创新文旅融合的形式和载体,举办系列活动,如:"云游德化""德化探宝""线上文旅直播""打卡德化白瓷网红墙""一部手机游德化"等活动,线上与线下相结合,综合运用新媒体、融媒体等渠道,以此全力凸显德化文旅融合优势资源和特色。

10. 塑就文旅融合"四大愿景"

着力构建、打造和塑就世界瓷都(德化)文旅融合示范区的四大愿景,即海丝陶瓷源、厦泉后花园、生态闲庭院、释道名山缘。推创国家级文化和旅游融合示范区各项工作,围绕愿景开展特色文旅小镇、名村、游线、基地、景区、园区等的融合,使文旅融合新德化可观、可游、可赏、可范。

依托德化世界瓷都、海丝瓷源的历史文化地位,着力营销宣传,打响海丝与陶瓷德化品牌知名度;依靠独特的地理区位优势,沟通厦门、泉州区域联动,互相依托形成厦泉后花园;整合丰富的生态旅游景区资源,形成集聚效应,逐步完善德化休闲生态观光体验游产业链,打造"生态闲庭院"旅游产品,丰富德化文旅融合经营业态;依托九仙山等宗教文化富集地,深度挖掘民间传说与历史故事中蕴含的文化内涵,构建释道主题名山,拓宽海内外知名度,逐步形成"释道名山缘"品牌。

主动融入泉州文旅发展,面向"海西、海丝",做好"海丝瓷旅"文章,以"泉州:宋元中国的世界海洋商贸中心"申遗为契机,大力推动屈斗宫等德化窑各申遗点的保护、传承和利用,以创建和打造"一赛三馆四区八厂十窑百大"六项工作为抓手,创新文旅融合的形式和载体,梳理、细化和落实创建工作中的各项任务,凸显德化文旅特色,实现和塑就德化文旅融合的规划发展的愿景和目标。

三、构建一批文旅融合业态和特色产品体系

德化陶瓷文化、海丝文化底蕴深厚，除此之外，还有着丰富的宗教文化、农耕文化、红色文化，丰富的文化和旅游资源为德化带来良好的发展前景。将德化的文化资源和旅游资源加以整合，构建出一批文旅业态和特色产品。打造海丝陶瓷研学、红色文化、多元特色街区、文创体验、休闲康养等文旅业态，打造成世界级陶瓷文化旅游目的地。

1. 创建一批海丝陶瓷研学文旅业态及产品

（1）陶瓷交流会：以德化陶瓷博物馆、"中国白"艺术馆等为基地，定期在世界范围内邀请陶瓷文化和海丝文化研究学者、陶瓷技艺大家、陶瓷收藏家等前来参加相关的陶瓷文化论坛、沙龙、颁奖大会等活动，举办陶瓷文化节、海丝文化节等。

（2）陶瓷研学营：以德化屈斗宫国家考古遗址公园、祖龙宫为研学基地，进行历史研究，探索陶瓷非遗文化，搜集相关海丝文化、陶瓷文化的遗迹，丰富研学内容。积极推进海上丝绸之路非物质文化遗产保护，加快陶瓷制作技艺、古窑口申遗步伐，推动非物质文化遗产转化为大众喜闻乐见的旅游产品。挖掘历史人物，培育一批历史文化名人旅游产品。引导全国重点文保单位进行保护性开发，适度发展文化体验旅游，推进博物馆创建国家A级景区工作。

2. 创建一批经典红色文旅业态及产品

推动潘祠村"罗浪故里"、李溪村人民公社主题餐厅等红色旅游区建设，联动周边地区协同发展，打造红色旅游精品。重点建设一批红色旅游项目，推出红色研学、红色休闲等一批体验型红色业态产品，创建一批红色旅游国家A级景区，落实一批红色研学旅行基地，形成以红色为主导的多彩旅游产品，大力发展"红色旅游+体育健身""红色旅游+户外拓展""红色旅游+文化教育"等新型业态产品，满足游客多元化需求。

3. 创建一批多元特色街区业态及产品

（1）特色美食区：利用石鼓村特殊的地理位置和便捷的交通条件，打造美食一条街特色餐饮区。充分挖掘当地美食，定期举办"德化石鼓美食节"。

（2）特色文创区：以市场为导向，以陶瓷文化为内涵，开发陶瓷文化旅

游纪念品，如陶瓷挂件、陶瓷摆件等。游客亲手运用各种工具和手段，动手操作参与茶艺体验、DIY陶瓷制作。

（3）文艺展示区：选择合适的典型路段、文化街区、城市廊道、休闲广场、乡村门面等地，进行以陶瓷、工艺、美学、文创、山水生态等为主要内容和呈现形态的墙面、街面、建筑外立面等多维空间的艺术墙、涂鸦村、主题路面、工艺浮雕广场等的设计和方案论证工作，以项目为抓手，基于资源要素和社区特性，进行文旅融合的空间和氛围的地方营造。

（4）夜游观赏区：以陶瓷文化为支撑，打造商街夜市；聘请专业团队，以陶瓷发展历史等为基础，创作话剧、歌舞剧、影视剧、综艺活动等，包括实景舞台剧展演、陶瓷文化纪录片等内容，用于夜间演艺；利用灯光效果，夜间造景，打造多彩街区。

4. 创建一批文创体验文旅业态及产品

（1）文创产业园：以顺美陶瓷文化生活馆为基地，吸引号召规模适中的文创企业入驻，组建一群具有丰富创造力的文创团队，研究开发旅游工艺品、特色日用品、纪念品等。定期举办文创产品研讨会，充分利用德化资源，实现陶瓷文化与旅游文化的融合发展，形成特色产业链。让游客近距离参观旅游工艺品制作过程，亲自学习体验陶瓷相关的各种活动，感受文化产品创造的旅游乐趣。

（2）工艺品展览：以红旗陶瓷厂、洞上陶艺村、月记窑为依托载体，结合德化陶瓷的发展历史以及海丝文化，将文化与陶瓷技艺结合。同时可规划打造特色工艺品展示区，在普及文化的同时，在视觉效果上吸引游客。

（3）智慧文旅：以当地特色文化元素为核心，利用物联网、大数据、云计算等技术，开发景区一体化服务APP、电子门票、电子导游、电子地图、VR体验等，创新传播方式，使游客通过智慧平台及时感知和利用各类旅游信息，实现旅游服务、旅游体验的智慧化。

5. 创建一批休闲康养文旅业态及产品

（1）主题住宿区：聘请专业建筑设计团队，建设外观与海丝文化、陶瓷文化相符且内部装饰独特的酒店、民宿，满足不同消费层次游客的需求。对云龙谷则有针对性地打造青蛙IP主题酒店，使游客在旅游观赏、研学旅行的同时，也能得到良好的休闲娱乐体验。

（2）康养休闲区：利用塔兜温泉、蕉溪温泉的天然优势，打造"天下第一汤"，完善景区系列服务，打造成集旅游、康养、休闲、度假为一体的特色温泉度假区。以温泉康养为主，充分挖掘其系列产品，如度假、蜜月、亲子、疗养、休闲等综合性旅游产品，能够给予游客良好的休闲体验。

6. 创建一批特色文旅融合的游线

（1）世界海丝陶瓷文化主题游线

海丝文化线：海丝广场—"中国白"艺术馆—海丝文旅小镇

特色博物馆线：德化县陶瓷博物馆—国瓷苑—"中国白"艺术馆—泰锋瓷坊—如瓷文化生活馆

历史遗产线：德化屈斗宫国家考古遗址公园—屈斗宫—祖龙宫—梅岭窑—月记窑—洞上陶艺村—厚德堡—辽田尖窑址

文创体验线：东-西瓷厂文旅融合示范街区—顺美陶瓷文化生活馆—洞上陶艺村—安成观光工厂—中国茶具城—中国白·得心酒店

（2）城关陶瓷特色街区游线

瓷都大道—西瓷厂文创休闲街区（含陶瓷街）—浐溪南岸休闲街区—东厂陶瓷历史文化街区—石鼓村美食—南埕夜游风情区

（3）国际生态休闲文旅游线

国宝线：国宝云龙谷—野外拓展基地—青蛙生态园—荷花观赏园—春夏秋冬四季体验园—二十四节气农耕文化园—民俗文化馆—林中木栈道—特色古民居（民俗、剪纸艺术研学基地、特色酒吧、特色茶馆、农家美食）

南埕—水口线：绿泰油茶生态园（油茶种植加工、休闲观光）—大南埕观光农业园（生态园、休闲娱乐）—桃花岛—石柱美丽乡村—石牛山风景区—塔兜温泉

（4）归园田居康养文旅游线

雷峰线：蕉溪温泉—蕉溪生态淮山园—鳗鱼养殖—潘祠村（樱花大道、罗浪故里、生态农园、稻田抓鱼、民宿民居）—百花园—李溪村（竹海慢道、观景平台、农耕梯田、高空滑索、特色美食）

赤水—上涌线：戴云山景区—九仙山景区—上涌镇杏仁古街—稻田养鱼、鱼稻共生项目

浔中线：浔中镇仙境红心猕猴桃种植基地—红星水库—祖厝村—西天寺

观光揽胜—祖厝村梯田风光

龙浔—盖德线：龙浔镇英山龙腾木雕厂—有济美丽乡村（家风馆、特色民俗、百香果产业园）—江山美人茶庄园（生态茶园、书法艺术馆、茶园栈道）—英山淮山观光园

（5）美丽乡村特色文旅游线

农耕文化线：李溪村耕牛节—上涌镇（龙虎旗传统民俗活动、中国农民丰收节）—杨梅乡云溪村慈济宫"过关"祈福活动

红色文化线：德化革命历史纪念馆—潘祠村"罗浪故里"—李溪村人民公社主题餐厅—水口镇中共闽浙赣省委机关活动旧址—戴云革命历史陈列纪念馆

四、推出一系列文旅融合精准营销策略

以德化创建国家文旅融合示范区和"泉州：宋元中国的世界海洋商贸中心"申遗为契机，主动融入泉州文旅发展，面向"海西、海丝"，做好"海丝瓷旅"文章。运用品牌营销策略，进一步阐释陶瓷文化"弘扬工匠精神，彰显文化大国人文特色"的核心价值，以陶瓷文化为中心，打造"世界瓷都，德化于心""海丝文艺休闲新瓷都""海丝瓷源，文旅德化""瓷情瓷景，漫游德化"等旅游主品牌。同时，为相关核心旅游产品打造旅游子品牌，与主品牌相呼应，形成更加完整的品牌营销策略。

邀请知名人士担任德化文旅融合形象代言人、宣传官、营销大使等，综合运用新媒体、融媒体等渠道，创新采用和推广"云游""直播""公众号"等媒介营销形式。省内吸引泉州、厦门、福州等主要客源地，跨省辐射和带动海西城市群，省外扩展长三角、珠三角地区，海外面向东南亚、日韩、西亚、北非等海丝沿线国家和地区，在大数据分析、市场调研基础上，开展文旅产品路演和系列精准营销活动。

具体情况如下：

1. 文旅融合整体品牌营销策略

着力凝练、宣传、唱响德化文旅融合品牌营销口号，如："玩转文艺新德化""从瓷爱上文艺德化""与瓷相遇，从此文艺""文旅德化，瓷都新

貌""海丝文艺休闲新瓷都""海丝瓷源,文旅德化""瓷都锦绣,戴云悠悠""文化与德化,旅游与瓷游""陶瓷之旅,探寻德化""发现德化之美""梦里海丝瓷源,画里瓷都德化""瓷情瓷景、漫游德化""德化,等你来发现""德化,欢迎来寻宝""来德化,共度美好时光"等。

加快"海丝瓷娃""国宝瓷娃""德化小生"等文化IP动漫人物设计及衍生文创系列产品研发,加快云龙谷青蛙IP主题酒店及民宿招商引资和创建方案论证工作。以品牌定位为基础,打造彰显特色的宣传片、主题曲,加大鼓励支持县旅游主管部门组织县内旅游企业参加各类旅游交易会、展览会、博览会,开展陶瓷文化交流会等一系列品牌活动,推动文化"走出去"。

2. 文旅融合媒体品牌营销策略

构建多媒体全方位营销体系。在微博、微信、抖音、喜马拉雅、Facebook、猫途鹰等国内外用户流量巨大的手机APP上,建立官方账号,做到内容保时保质保量,使德化海丝陶瓷文化出现在大众的视野里,为已经有出游打算的游客提供更多的有效信息,提高满意度;同时令潜在游客接触信息,利用文化的特色魅力,形成吸引力,提高知名度。充分利用OTA平台,建立良好的口碑,借助消费者的力量,打响德化文旅融合旅游品牌。

3. 文旅融合智慧品牌营销策略

智慧品牌营销既要"智慧"设计文旅融合旅游产品,也要做到让游客拥有"智慧"的旅游体验。通过大数据等"智慧"手段,对消费者进行精确的市场细分,开发如亲子"陶艺体验"、青年"陶艺鉴赏"、老年"文化回归"等具有针对性的文旅产品。继续推广"一部手机游德化"活动。同时,开发一个集旅游线路规划、景点推荐、交通线路、景区导引等智慧功能为一体的系统,使德化蕴含的文化更具可接触性,旅游目的地更具可进入性,文化和旅游的融合品牌吸引力进一步提升。

4. 文旅融合活动品牌营销策略

培育品牌活动、节庆演绎系列品牌项目,鼓励乡镇、村庄、旅游企业结合各自特色民俗文化举办各类旅游节庆活动及农事节庆活动。做好"德化—景德镇双城计"文旅联动协商机制和文旅协同创新平台等工作,互办、同办"世界陶瓷文化旅游节""国际艺术文化旅游博览会"。

鼓励企业和个人参与德化旅游商品、精品路线、伴手礼的开发与推广,开发具有德化特色的旅游商品和旅游美食伴手礼，或体现德化传统文化和地域特色的改良新作、佳作，并推荐陈列摆放到各景区、餐馆、农家乐等公共服务场所，参与节庆展会，丰富活动形式。

大力宣传屈斗宫、祖龙宫、梅岭窑、月记窑等德化窑各申遗点的保护、传承和利用，举办陶瓷主题的国家级、世界级创意设计大赛，围绕德化陶瓷文化，以标志性工程开工、景区提升项目开放、旅游节庆活动、文旅融合先行示范重点推进"六项抓手"、泉州港申遗、举办文旅赛事等为契机，举办系列活动，如"云游德化""德化探宝""线上文旅直播""打卡德化白瓷网红墙""一部手机游德化"等活动，创新活动的形式和载体，线上与线下相结合，综合运用新媒体、融媒体等渠道，全力凸显德化文旅融合优势资源和特色，做好文旅融合活动品牌营销策划工作。

第九章 保障措施

一、加强组织协调

县文旅局牵头成立争创世界瓷都（德化）文化与旅游融合示范区工作领导小组。深入探究文旅融合产业的发展特征与规律，通过体制机制创新行动，挖掘文旅融合发展潜力。组建运作实体，创立文旅融合协调创新中心、文旅融合研究院、管委会等组织机构，立足德化文旅融合发展现状，展开组织建设工作，同时提高文旅集团的组织管理水平，创新德化文旅融合发展路径。

设计全面、立体和富有创新性的机制体系，依法和正确处理保护与利用、事业与产业、管理与服务等方面的关系，既有机融合，又责权分明。进一步创新要素保障、市场运作、开放带动、富民共享、竞争激励等机制，为其他机制改革区域起到引领示范作用。

二、加强政策配套

根据国家和省支持文化产业、旅游产业发展的优惠政策，在用林用地、基础设施配套建设以及信贷、融资、税费等方面，加大对文化旅游项目的支持力度。各类相关文化专项资金和旅游扶贫专项资金，要将文化与旅游融合发展的相关项目纳入资助和扶持的范围。同时，鼓励和引导社会资本参与文化旅游方面的投融资。鼓励银行业金融机构通过知识产权质押贷款方式支持文化旅游企业创新发展，积极运用直接债务融资工具，拓宽文化旅游企业的直接融资渠道。

三、加强宣传推广

依托省、市、县广播电视网络、报纸以及文化旅游公众号、APP等全媒体，发挥融媒体宣传圈的优势，有效整合平台资源，宣传推广示范区规划建设的有效经验及做法。同时，主动与国内外知名媒体合作，投放示范区建设宣传内容。

四、加强人才培育

县及以下各级文旅部门要抓紧编制本地区的文化旅游人才培训规划，并根据市场需求和文化旅游产业发展实际，定期组织文化旅游从业人员进行业务培训，着力提高导游、讲解员的文化素养，打造和培育高素质、专业化的文化旅游人才队伍。

五、加强规范管理

各地各部门在文化旅游市场开发中，要加强对本地区文化旅游资源的传承保护和合理利用，规范开发行为，维护资源的区域整体性、文化代表性、地域特殊性，避免对传统村落、历史文化名镇名村等过度开发，确保文化旅游市场健康、有序、稳定发展。

第十章 示范价值

一、文以载道，促进中华优秀文化与旅游的深度融合

文旅融合，是灵魂与载体的契合。"文化是旅游的灵魂，旅游是文化的载体。"张骞通西域、鉴真渡东海已成为古代行者的文化标高。在当代，德化文旅融合国家级示范区的构建能推进德化瓷文化、海丝文化与旅游的相融共生，注重"载道"与"致远"的和合，有效提升和深入挖掘传统村落、文物遗迹、非遗文化等文化产品的旅游体验和价值功能。

同时能促进德化深入挖掘中华优秀传统文化精髓，并根植文化于旅游品牌的传播中，用旅游的创意促进文化创新，用旅游的思维推动文化传播，打造文化旅游新IP，让"红绿田，白蓝地"文化展现出永久魅力和时代风采，促进中华优秀文化与旅游的深度融合。

二、以旅彰文，助推遗产保护和海丝"泉州港"申遗

文物遗产是中华文明的重要历史见证和文化载体，切实保护好、利用好、管理好历史馈赠给我们的丰富而珍贵的文物遗产，是时代赋予我们的神圣义务。发展海丝瓷旅有利于贯通海丝文化、特色旅游的独特功能，为德化旅游与文化创意产业的发展探索方法、塑就方式、抛引方向，全面提升德化非遗文物保护和利用水平。以"文物故事新表达"为口号，让"非遗文物，德化故事"成为德化市经济社会发展的新名片，为非遗文物保护、传承、活化以及文旅创新发展提供示范样本。

通过文旅融合示范区创建，主动融入泉州文旅发展，面向"海西、海丝"，做好"海丝瓷旅"文章，以"泉州：宋元中国的世界海洋商贸中心"申遗为契机，大力推动屈斗宫等德化窑各申遗点的保护、传承和利用，以创建和打造"一赛三馆四区八厂十窑百大"工作为抓手，创新文旅融合的形式和载体，以旅彰文，凸显德化文旅特色，为申遗助力。以旅彰文，实现德化旅游发展和文化遗产保护与传承的和合共生。

三、互学互鉴，扩大"一带一路"沿线国家交流合作

开放引领未来，丝路联通世界。"一带一路"倡议提出以来，世界多国的文化都在德化瓷上得到了形象生动的阐释，也让德化陶瓷发展有了新的想象空间和全新领域。德化瓷深植于中华优秀文化的陶瓷文化与海丝文化，作为"一带一路"沿线国家最具影响的文化品牌，构建了与"一带一路"沿线国家经济、人文交流的新模式。

开展以陶瓷文化旅游为核心主线的德化文旅融合示范区创建工作，能进一步宣传和推广陶瓷文化的国家名片，促进与沿线国家的文化相互碰撞、相互吸引、相互启发、相互学习，推进东西方文明多领域、深层次的交流互鉴，共建海丝沿线文明互鉴之桥，全面推动"一带一路"国际合作再上新台阶。

四、示范效应，塑就"生态先行，文旅创新"融合范式

"瓷都锦绣，戴云悠悠"的旅游形象定位，精炼地描绘和总结了德化文化旅游融合发展"生态先行"的范式，紧扣当今世界文化旅游的主流。德化作为首批国家生态文明建设示范县，利用当地得天独厚的自然资源和优美的生态环境，以生态为本、文化为魂、旅游为体，重点打造八块"国"字号生态旅游品牌，可大力发展休闲度假型旅游产品，开发山岳休闲度假游、温泉、森林康养、观光采摘等。

同时，融合白瓷文艺，在景区建设中积极开展海丝白瓷文艺演出活动，在乡村建设中举办特色民俗活动，展现农耕文化。响应福建生态文明先行示范区建设号召，塑就"生态先行，文旅创新"融合范式，为"生态＋文旅"发展模式提供示范性样本。

五、和合偕习，带动县域经济社会高质量发展新引擎

以"产业－空间"互动发展为引领，规划和衍生出一批具有德化地方特色的文化产品和服务业态，凸显陶瓷文化、海丝文化等核心文化品牌，做好德化"海丝瓷旅"文旅融合发展大文章。以"景村共建"的模式整合乡村旅游资源，促进乡村旅游开发建设，实现农业产品变农旅商品、农区变景区、农房变客房，全力推进美丽乡村建设。

以积极创建国家级文旅融合示范区为契机，推进实施各项重点任务，充分发挥旅游景区、景点和龙头企业的辐射带动作用，做好文旅融合呈现年、推进年的各项工作，绘制蓝图，实现愿景。通过文化旅游及德化文旅融合示范区规划创建工作，扩大品牌、提升形象、助推发展，实现德化全域融合共济，促进德化全域经济社会高质量发展。

第二篇

世界瓷都（德化）创建国家文旅融合示范区项目库

第一章　总库

世界瓷都（德化）文旅融合项目汇总表见表 2.1。

表 2.1　世界瓷都（德化）文旅融合项目汇总表

类别	片区	项目名称	定位	基本特征
标志性工程（"六提工程"）	"海丝瓷都新德化"文旅融合示范核心富集区（城关）	德化城关东-西瓷厂文创空间提创综合项目	大中型文旅融合型创意文化街区	重新规划"东瓷厂历史文化街区""陶瓷街西瓷厂文创休闲街区"重点标志工程项目为德化文旅融合示范区的重点文化区、功能富集区、文旅地标、融合示范区
标志性工程（"六提工程"）	"海丝瓷都新德化"文旅融合示范核心富集区（城关）	海丝国家陶瓷主题文旅小镇提造综合项目	德化新文旅特色地标工程	打造海上丝绸之路博览会，包括：海丝文旅小镇、摩洛哥风情小镇、地中海风情普罗旺斯村
标志性工程（"六提工程"）	"海丝瓷都新德化"文旅融合示范核心富集区（城关）	顺美陶瓷文化生活馆文旅提升综合项目	文旅融合示范区创建基地	德化陶瓷文物、海丝历史的"研学打卡地"；用"工匠精神"讲述德化瓷器；新兴产业助推文旅融合
标志性工程（"六提工程"）	休闲生态文旅融合体验集聚区（西区）	云龙谷景区文旅提质综合项目	文旅融合示范性的国家风景名胜区	集旅游观光、研学素拓、商务会议、休闲娱乐、科研科普等为一体的综合型旅游风景区
标志性工程（"六提工程"）	观光游憩文旅融合沉浸集聚区（东区）	石牛山景区文旅提效综合项目	文旅融合示范性的国家风景名胜区	集旅游观光、度假疗养、探险猎奇、生物研究、科普教育和革命传统教育为一体的多功能国家森林公园
标志性工程（"六提工程"）	乡村田园生态文旅融合赋能集聚区（北区）	曾坂村文旅提能综合项目	文旅融合示范创建、国际研学/新民宿聚落基地	德化"归园居田园文旅综合体"，国家3A、4A级景区创建，海丝研学综合示范基地/营地、国际文旅融合新民宿聚落地标

续表

类别	片区	项目名称	定位	基本特征
重点项目	"海丝瓷都新德化"文旅融合示范核心富集区（城关）	德化县陶瓷博物馆提升项目	德化"文旅融合新地标"	文化展示、历史研究、交流合作的世界窗口
	"海丝瓷都新德化"文旅融合示范核心富集区（城关）	"海丝瓷旅"六项抓手先行示范工作	德化文旅融合先行示范重点推进项目	围绕德化陶瓷文化旅游的核心主线，以"泉州：宋元中国的世界海洋商贸中心"申遗为契机，主动融入泉州文旅发展，面向"海西、海丝"，做好"海丝瓷旅"文章，推动创建德化文旅融合示范基地、示范点，进行重点宣传和营销
	"海丝瓷都新德化"文旅融合示范核心富集区（城关）	特色文化精品街区	城乡文旅融合示范新空间	集陶瓷文化体验、特色观光、时尚休闲、美食娱乐、产业培育等多功能于一体
	"海丝瓷都新德化"文旅融合示范核心富集区（城关）	世界陶瓷文化遗产公园	文明旅游示范区、地质公园	具有"世界风范、古街风韵、时代风貌"
	"海丝瓷都新德化"文旅融合示范核心富集区（城关）	世界陶瓷工业文化旅游区	具有文旅融合示范性的工业旅游典范	以"文创产业、艺术产业、文教科普"为元素，兼具时尚风情
	"海丝瓷都新德化"文旅融合示范核心富集区（城关）	月记窑国际陶艺村	文旅融合示范创建基地	集传统龙窑生产场景、陶瓷艺术创作、展示、交流、体验活动和农耕民俗文化及家庭农庄体验于一体的"世外陶源"
	"海丝瓷都新德化"文旅融合示范核心富集区（城关）	石鼓村美食广场	城乡文旅融合示范新空间	农业特色产业集群，美食突出
	"海丝瓷都新德化"文旅融合示范核心富集区（城关）	中国白·得心酒店	文旅融合示范创建基地	充满陶瓷文化元素的多功能休闲驿站
	"海丝瓷都新德化"文旅融合示范核心富集区（城关）	"中国白"艺术馆	文旅融合示范创建基地	集观光、购物于一体的综合性文化体验场所
	休闲生态文旅融合体验集聚区（西区）	李溪、潘祠	城乡文旅融合示范新空间	集研学观光、休闲康养为一体的乡村旅游度假区
	休闲生态文旅融合体验集聚区（西区）	佛岭村	城乡文旅融合示范新空间	国家级传统古村落

续表

类别	片区	项目名称	定位	基本特征
重点项目	观光游憩文旅融合沉浸集聚区（东区）	桃仙溪景区	桃花源风情岛	以山林野趣、桃源隐逸为主题的华东桃花旅游第一岛
	观光游憩文旅融合沉浸集聚区（东区）	南埕镇	南埕夜游风情区	构建以"灯、水、城"为主题的南埕夜旅游格局，大力发展以旅游休闲、文化休闲和商业休闲为特色的休闲夜旅游产业
	乡村田园生态文旅融合赋能集聚区（北区）	九仙山景区	5A级风景名胜区	集观光朝圣、休闲度假为一体的佛教名山
	乡村田园生态文旅融合赋能集聚区（北区）	戴云山诗意休闲生态森林中心	国家风景名胜区	称为"诗意盎然生态休闲山"
	乡村田园生态文旅融合赋能集聚区（北区）	云溪耕读村	"云溪风情"耕读村	集家风文化、非遗文化和民俗文化旅游为一体的文旅产业村落
一般项目	休闲生态文旅融合体验集聚区（西区）	九仙山古刹及附属文物	重点文物保护单位	文物蕴藏丰富的佛教文化遗址
	休闲生态文旅融合体验集聚区（西区）	厚德堡	重点文化遗址保护单位	集文化保护和历史研究为一体的古代土楼遗址
	休闲生态文旅融合体验集聚区（西区）	雷峰镇李溪村耕牛节	文旅融合示范创建基地	"耕牛节"承袭了当地传统农耕文化，将古早农家春耕习俗与祭祀仪式相结合，展现戴云山区原生态的农耕文明与文化传统。
	乡村田园生态文旅融合赋能集聚区（北区）	中共闽浙赣省委机关活动旧址	重点文化遗址保护单位	红色旅游经典景区、爱国主义研学旅行教育基地
	乡村田园生态文旅融合赋能集聚区（北区）	上涌镇龙虎旗传统民俗活动	上涌镇龙虎旗传统民俗活动	龙虎旗阵恭迎"三圣"（又称"俚长"），答谢神明庇佑，庆贺丰收，并以此激励当地村民培养人才、重视人才
	乡村田园生态文旅融合赋能集聚区（北区）	祭樟树王习俗	文旅融合示范创建基地	小湖村祭樟王活动已有300多年历史。发放樟树种子和树苗，就是为了让绿色环绕民居，也让樟树王的顽强精神传播得更远
	乡村田园生态文旅融合赋能集聚区（北区）	辽田尖窑址	文旅融合示范创建基地	辽田尖窑址位于德化县三班镇三班村、永春县介福乡紫美村，为青铜时代斜坡式龙窑

057

续表

类别	片区	项目名称	定位	基本特征
一般项目	乡村田园生态文旅融合赋能集聚区（北区）	永草桥	文旅融合示范创建基地	永草桥被福建省人民政府公布为第九批省级文物保护单位
	"海丝瓷都新德化"文旅融合示范核心富集区（城关）	瓷都大道	城市文旅融合基础设施	将文旅产业融入基础设施建设，形成文旅融合新地标
	"海丝瓷都新德化"文旅融合示范核心富集区（城关）	海丝广场	海丝陶瓷文化综合体	多业态结合，全方位展现海丝陶瓷文化
	观光游憩文旅融合沉浸集聚区（东区）	涂鸦村	城乡文旅融合示范新空间	基于空间特色，进行文旅融合氛围营造
	"海丝瓷都新德化"文旅融合示范核心富集区（城关）	安成观光工厂	工业文化旅游区	陶瓷文化与工业旅游的文旅融合新产业
	"海丝瓷都新德化"文旅融合示范核心富集区（城关）	蕉溪温泉	休闲文化旅游度假区	集休闲、康养于一体的综合性文化体验场所
	"海丝瓷都新德化"文旅融合示范核心富集区（城关）	如瓷生活文化馆	文旅融合产业区	集研学体验、休闲观光为一体的文旅融合产业区
	"海丝瓷都新德化"文旅融合示范核心富集区（城关）	浔中镇石鼓村八音	文旅融合示范创建基地	八音需要动用七种乐器，和泉州南音演唱使用的乐器几乎完全不同，分别是月琴、双笙、品、士工、八鼓、拍板、广仔弦
	"海丝瓷都新德化"文旅融合示范核心富集区（城关）	藤椅制作技艺	文旅融合传统技艺	藤椅轻巧大方，细密交织的藤条古朴、清爽，与其他藤制家具在不经意间共同营造出回归自然的感觉
	"海丝瓷都新德化"文旅融合示范核心富集区（城关）	龙窑建造技艺	文旅融合传统技艺	龙窑起源于商代，但被用于建窑烧制技艺当是宋代。龙窑依山坡或土堆倾斜建造成一长隧道形，窑头有预热室，这也是整窑加火力度最大的部分，靠窑身的坡度引导火力上行。
	"海丝瓷都新德化"文旅融合示范核心富集区（城关）	杨梅乡云溪村慈济宫"过关"祈福活动	文旅融合示范创建基地	"杏会杨梅"，体验民俗文化风情，传承非物质文化遗产，感受传统村落古民宅魅力

续表

类别	片区	项目名称	定位	基本特征
一般项目	"海丝瓷都新德化"文旅融合示范核心富集区（城关）	大兴堡	文旅融合示范创建基地	德化"大兴堡"，俗称"三班土堡"，位于泉州德化县三班镇三班村下寮自然村，始建于1772年
	观光游憩文旅融合沉浸集聚区（东区）	汤头春秋农场	城乡文旅融合新空间	农耕文化与休闲旅游的综合性产业

第二章 标志性工程项目库

分类—德化文旅融合标志性工程（六提工程）项目见表2.2。

表2.2 分类—德化文旅融合标志性工程（六提工程）项目

类别	片区	项目名称	定位	基本特征
标志性工程『六提工程』	"海丝瓷都新德化"文旅融合示范核心富集区（城关）	德化城关东-西瓷厂文创空间提创综合项目	大中型文旅融合型创意文化街区	重新规划"东瓷厂历史文化街区""陶瓷街西瓷厂文创休闲街区"重点标志工程项目为德化文旅融合示范区的重点文化区、功能富集区、文旅地标、融合示范区
	"海丝瓷都新德化"文旅融合示范核心富集区（城关）	顺美陶瓷文化生活馆文旅提升综合项目	文旅融合示范创建基地	德化陶瓷文物、海丝历史的"研学打卡地"；用"工匠精神"讲述德化瓷器；新兴产业助推文旅融合
	"海丝瓷都新德化"文旅融合示范核心富集区（城关）	海丝国家陶瓷主题文旅小镇提造综合项目	德化新文旅特色地标工程	打造海上丝绸之路博览会，包括：海丝文旅小镇、摩洛哥风情小镇、地中海风情普罗旺斯村
	休闲生态文旅融合体验集聚区（西区）	云龙谷景区文旅提质综合项目	文旅融合示范性的国家风景名胜区	集旅游观光、研学素拓、商务会议、休闲娱乐、科研科普等为一体的综合型旅游风景区

续表

类别	片区	项目名称	定位	基本特征
标志性工程"六提工程"	观光游憩文旅融合沉浸集聚区（东区）	石牛山景区文旅提效综合项目	文旅融合示范性的国家风景名胜区	集旅游观光、度假疗养、探险猎奇、生物研究、科普教育和革命传统教育为一体的多功能国家森林公园
	乡村田园生态文旅融合赋能集聚区（北区）	曾坂村文旅提能综合项目	文旅融合示范创建、国际研学／新民宿聚落基地	德化"归园居田园文旅综合体"，国家3A、4A级景区创建，海丝研学综合示范基地／营地、国际文旅融合新民宿聚落地标

第三章 区域布局"分区规划指引"项目库

区域布局"分区规划指引"项目库见表2.3至表2.6。

表2.3 分区—德化文旅融合示范核心富集区（城关）项目

类别	项目名称	定位	基本特征
标志性工程	德化城关东-西瓷厂文创空间提创综合项目	大中型文旅融合型创意文化街区	重新规划"东瓷厂历史文化街区""陶瓷街西瓷厂文创休闲街区"重点标志工程项目为德化文旅融合示范区的重点文化区、功能富集区、文旅地标、融合示范区
	海丝国家陶瓷主题文旅小镇提造综合项目	德化新文旅特色地标工程	打造海上丝绸之路博览会，包括：海丝文旅小镇、摩洛哥风情小镇、地中海风情普罗旺斯村
	顺美陶瓷文化生活馆文旅提升综合项目	文旅融合示范创建基地	德化陶瓷文物、海丝历史的"研学打卡地"；用"工匠精神"讲述德化瓷器；新兴产业助推文旅融合

续表

类别	项目名称	定位	基本特征
重点项目	德化县陶瓷博物馆提升项目	德化"文旅融合新地标"	文化展示、历史研究、交流合作的世界窗口
	"海丝瓷旅"六项抓手先行示范工作	德化文旅融合先行示范重点推进项目	围绕德化陶瓷文化旅游的核心主线,以"泉州:宋元中国的世界海洋商贸中心"申遗为契机,主动融入泉州文旅发展,面向"海西、海丝",做好"海丝瓷旅"文章,推动创建德化文旅融合示范基地、示范点,进行重点宣传和营销
	特色文化精品街区	城乡文旅融合示范新空间	集陶瓷文化体验、特色观光、时尚休闲、美食娱乐、产业培育等多功能于一体
	世界陶瓷文化遗产公园	文明旅游示范区、地质公园	具有"世界风范、古街风韵、时代风貌"
	世界陶瓷工业文化旅游区	具有文旅融合示范性的工业旅游典范	以"文创产业、艺术产业、文教科普"为元素,兼具时尚风情
	月记窑国际陶艺村	文旅融合示范创建基地	集传统龙窑生产场景、陶瓷艺术创作、展示、交流、体验活动和农耕民俗文化及家庭农庄体验于一体的"世外陶源"
	石鼓村美食广场	城乡文旅融合示范新空间	农业特色产业集群,美食突出
	中国白·得心酒店	文旅融合示范创建基地	充满陶瓷文化元素的多功能休闲驿站
	"中国白"艺术馆	文旅融合示范创建基地	集观光、购物于一体的综合性文化体验场所
一般项目	瓷都大道	城市文旅融合基础设施	将文旅产业融入基础设施建设,形成文旅融合新地标
	海丝广场	海丝陶瓷文化综合体	多业态结合,全方位展现海丝陶瓷文化
	涂鸦村	城乡文旅融合示范新空间	基于空间特色,进行文旅融合氛围营造
	安成观光工厂	工业文化旅游区	陶瓷文化与工业旅游的文旅融合新产业
	蕉溪温泉	休闲文化旅游度假区	集休闲、康养于一体的综合性文化体验场所
	如瓷生活文化馆	文旅融合产业区	集研学体验、休闲观光为一体的文旅融合产业区
	浔中镇石鼓村八音	文旅融合示范创建基地	八音需要动用七种乐器,和泉州南音演唱使用的乐器几乎完全不同,分别是月琴、双笙、品、土工、八鼓、拍板、广仔弦
	藤椅制作技艺	文旅融合传统技艺	藤椅轻巧大方,细密交织的藤条古朴、清爽,与其他藤制家具在不经意间共同营造出回归自然的感觉。

续表

类别	项目名称	定位	基本特征
一般项目	龙窑建造技艺	文旅融合传统技艺	龙窑起源于商代,但被用于建窑烧制技艺是在宋代。龙窑依山坡或土堆倾斜建造成一长隧道形,窑头有预热室,这也是整窑加火力度最大的部分,靠窑身的坡度引导火力上行
	杨梅乡云溪村慈济宫"过关"祈福活动	文旅融合示范创建基地	"杏会杨梅",体验民俗文化风情,传承非物质文化遗产,感受传统村落古民宅魅力
	大兴堡	文旅融合示范创建基地	德化"大兴堡",俗称"三班土堡",位于泉州德化县三班镇三班村下寮自然村,始建于1772年

表2.4 分区—休闲生态文旅融合体验集聚区(西区)项目

类别	项目名称	定位	基本特征
标志性工程	云龙谷景区文旅提质综合项目	文旅融合示范性的国家风景名胜区	集旅游观光、研学素拓、商务会议、休闲娱乐、科研科普等为一体的综合型旅游风景区
重点项目	李溪、潘祠	城乡文旅融合示范新空间	集研学观光、休闲康养为一体的乡村旅游度假区
	佛岭村	城乡文旅融合示范新空间	国家级传统古村落
一般项目	九仙山古刹及附属文物	重点文物保护单位	文物蕴藏丰富的佛教文化遗址
	厚德堡	重点文化遗址保护单位	集文化保护和历史研究为一体的古代土楼遗址
	雷峰镇李溪村耕牛节	文旅融合示范创建基地	"耕牛节"承袭了当地传统农耕文化,将古早农家春耕习俗与祭祀仪式相结合,展现戴云山区原生态的农耕文明与文化传统

表2.5 分区—观光游憩文旅融合沉浸集聚区(东区)项目

类别	项目名称	定位	基本特征
标志性工程	石牛山景区文旅提效综合项目	文旅融合示范性的国家风景名胜区	集旅游观光、度假疗养、探险猎奇、生物研究、科普教育和革命传统教育为一体的多功能国家森林公园
重点项目	桃仙溪景区	桃花源风情岛	以山林野趣、桃源隐逸为主题的华东桃花旅游第一岛

续表

类别	项目名称	定位	基本特征
重点项目	南埕镇	南埕夜游风情区	构建以"灯、水、城"为主题的南埕夜旅游格局,大力发展以旅游休闲、文化休闲和商业休闲为特色的休闲夜旅游产业
一般项目	汤头春秋农场	城乡文旅融合新空间	农耕文化与休闲旅游的综合性产业

表 2.6 分区—乡村田园生态文旅融合赋能集聚区(北区)项目

类别	项目名称	定位	基本特征
标志性工程	曾坂村文旅提能综合项目	文旅融合示范创建、国际研学/新民宿聚落基地	德化"归园居田园文旅综合体",国家3A、4A级景区创建,海丝研学综合示范基地/营地、国际文旅融合新民宿聚落地标
重点项目	九仙山景区	5A级风景名胜区	集观光朝圣、休闲度假为一体的佛教名山
重点项目	戴云山诗意休闲生态森林中心	国家风景名胜区	称为"诗意盎然生态休闲山"
重点项目	云溪耕读村	"云溪风情"耕读村	集家风文化、非遗文化和民俗文化旅游为一体的文旅产业村落
一般项目	中共闽浙赣省委机关活动旧址	重点文化遗址保护单位	红色旅游经典景区、爱国主义研学旅行教育基地
一般项目	上涌镇龙虎旗传统民俗活动	上涌镇龙虎旗传统民俗活动	龙虎旗阵恭迎"三圣"(又称"俚长"),答谢神明庇佑,庆贺丰收,并以此激励当地村民培养人才、重视人才
一般项目	祭樟树王习俗	文旅融合示范创建基地	小湖村祭樟王活动已有300多年历史。发放樟树种子和树苗,就是为了让绿色环绕民居,也让樟树王的顽强精神传播得更远
一般项目	辽田尖窑址	文旅融合示范创建基地	辽田尖窑址位于德化县三班镇三班村、永春县介福乡紫美村,为青铜时代的斜坡式龙窑
一般项目	永革桥	文旅融合示范创建基地	永革桥被福建省人民政府公布为第九批省级文物保护单位

第三篇

专题研究：整合优势资源，
扶持重点项目，推动产业倍增

基于世界瓷都（德化）的地方性特征，通过对其文化与旅游优势资源的整合，尤其是对以海丝文化、陶瓷文化为核心的文化产业和以工业旅游、文化遗产旅游、休闲生态旅游为核心的旅游产业的内容生产、深度融合和创新升级，全面、深入推动文旅产业项目建设，分类分层分区进行产品体系打造，扶持重点项目，做好"六提工程"等标志性工程，将资源要素、创新载体、业态赋能、产业布局等方面进行整体考虑、有机衔接，抓落地、抓实效，促进文化和旅游融合发展示范区规划建设，实现文旅产业倍增和地方经济社会高质量发展。

第一章　推创文旅融合示范目标开展

（1）着力再培育、创建和遴选若干个国家级、省级的文物保护单位。如九仙山古刹及附属文物、中共闽浙赣省委机关活动旧址、大兴堡、辽田尖窑址、永革桥、厚德堡等，加大扶持力度，重点开展工作。

（2）着力再培育、创建和遴选若干个国家级、省级非物质文化遗产（含民俗节庆类）。如雷峰镇李溪村耕牛节、上涌镇龙虎旗传统民俗活动、浔中镇石鼓村八音、祭樟树王习俗、藤椅制作技艺、龙窑建造技艺、杨梅乡云溪村慈济宫"过关"祈福活动等，加大扶持力度，重点开展工作。

（3）着力再培育、创建和遴选若干个具有文旅融合示范性的国家风景名胜区、地质公园、文明旅游示范区、4A和5A级景区等。如世界陶瓷文化遗产公园、世界陶瓷工业文化旅游区、九仙山5A级风景名胜区、石牛山5A级风景名胜区、戴云山诗意休闲生态森林中心、云龙谷景区文旅融合示范基地及4A级景区等，加大扶持力度，重点开展工作。

（4）着力培育、扶持和挂牌若干个文旅融合创建示范区、示范园区、示范基地、示范点。如陶瓷古窑文旅融合示范区、陶瓷创客文旅融合示范区、陶瓷主题历史文化街区、顺美陶瓷文创园区、洞上陶艺村、曾坂村、云龙谷、"中国白"艺术馆等，突出先发和带动作用，推动文旅融合示范区建设中的具体项目的落地和跟进。

（5）着力凝练、宣传、唱响德化文旅融合品牌营销口号。如"玩转文艺新德化""从瓷爱上文艺德化""与瓷相遇，从此文艺""文旅德化，瓷都新貌""海丝文艺休闲新瓷都""海丝瓷源，文旅德化""瓷都锦绣，戴云悠悠""文化与德化，旅游与瓷游""陶瓷之旅，探寻德化""发现德化之美""梦里海丝瓷源，画里瓷都德化""瓷情瓷景、漫游德化""德化，等你来发现""德化，欢迎来寻宝""来德化，共度美好时光"等。以此精准面向省内外主要客源地、海丝沿线国家和地区游客的文旅消费需求；带动招商引资、促进地区经济社会全面发展；扩大交流合作、助力古泉州港申遗、融入大海丝文化旅游区；推动文旅融合的真融合、深融合、广融合。

（6）着力提升、更新和打造若干个德化"文旅融合新地标"。如瓷都大道、陶瓷博物馆、浐溪观光带、红旗瓷厂文创街区、白瓷网红墙、海丝大厦、白瓷电视塔等，加快地标性载体的升级改造，加快路径活化和要素创新，以艺术设计、工艺美术、美学国礼，赋新文旅融合新地标的形塑和推广，推动标志、标杆工程落地。积极引入和打造精品，考虑学习日本、韩国营销模式，突出德化新文旅特色，定位为"海丝风情""摩洛哥风情""地中海风情"，如海丝文旅小镇、摩洛哥小镇、蓝色之城主题公园、格桑花紫海乐园、地中海风情普罗旺斯村、爱丽丝庄园、薰衣草休闲农场、小王子主题文创区等。以创新和内容为引领，促进形成良好的德化文旅融合发展的品牌美誉度和营销口碑。

（7）着力培育、更新和再造城乡文旅融合示范新空间。做足地方营造、地方创生的"文旅融合"文章，选取合适的典型路段、文化街区、城市廊道、休闲广场、乡村门面等地，如瓷都大道、瓷都广场、陶瓷街周边、浐溪沿线、潘祠李溪、曾坂村、国宝乡佛岭村、洞上陶瓷村等，进行以白瓷、工艺、美学、文创、山水生态等为主要内容和呈现形态的墙面、街面、建筑外立面等的更新和改造，以多维空间的艺术墙、涂鸦村、主题路面、工艺浮雕广场等的设计和内容为要点，以项目为抓手，基于资源要素和社区特性，进行文旅融合的空间和氛围的地方营造。

（8）着力启动、开展和推动文旅设计、文创、节庆等代表性活动。推进"海丝瓷娃""国宝瓷娃""德化小生"等文化IP动漫人物设计及衍生文创系列产品研发相关工作，推动云龙谷青蛙IP主题酒店及民宿招商引资和创建方案论证工作，德化历代陶瓷大师名品名作寻访、品鉴、展览、节庆、创作设计大赛，"德化—景德镇双城计"文旅联动协商机制和文旅协同创新平台等工作，互办、同办"世界陶瓷文化旅游节""国际艺术文化旅游博览会"。

（9）着力启动、勾勒和谋划出于德化止于闽南的"海丝文艺走廊"或"海丝文化陆路走廊"可行性方案的论证和后续工作。加快高速公路、铁路（高铁、动车组）的规划和接入方案工作，内与各部门协作、外与永春、安溪、惠安、晋江、泉州市各区、永泰、福州市各区联动，重点打造"海丝文艺走廊"，推动建成"海丝文艺走廊""丝路瓷源""瓷帮古道"等外向型德化文旅融合发展的新空间形态和机制。

（10）着力推动做好"海丝瓷旅"六项抓手工作。围绕德化陶瓷文化旅游的核心主线，以"泉州：宋元中国的世界海洋商贸中心"申遗为契机，主动融入泉州文旅发展，面向"海西、海丝"，做好"海丝瓷旅"文章，推动创建德化文旅融合示范创建各项工作，进行重点宣传和营销。"六项抓手"，即以创建和打造"一赛三馆四区八厂十窑百大"六项工作为抓手，作为德化文旅融合先行示范重点项目进行推进。"一赛"，是指世界陶瓷文化旅游产品创意设计大赛；"三馆"，是指德化陶瓷博物馆等三馆的创建工作；"四区"，是指德化古窑区、创客区、观光工厂区、历史文化街区的示范园区创建工作；"八厂"，是指重点做好具有德化代表性的八个陶瓷工厂的保护、传承、商务、观光功能，推进创建文旅融合示范点、示范基地工作；"十窑"，是指对屈斗宫、祖龙宫、梅岭窑、月记窑等十个重点德化古窑口的提升、打造、营销；"百大"，是指评选德化百位陶瓷烧制和艺术文化传承大师，通过他们，积极推广和营销德化白瓷文化的国际知名度、美誉度、影响力，促进文旅融合示范工作的推进。以"六项抓手"为提领和切入点，遴选优秀形式、内容、载体和单位，创建德化文旅融合示范基地、示范点，进行重点宣传和营销，全力凸显德化文旅融合优势资源和特色。

（11）着力做好德化文旅融合宣传、推广、营销工作。分类实施营销策略，在整体品牌、媒体品牌、智慧品牌、活动品牌等方面精准施策。积极宣传屈斗宫、祖龙宫、梅岭窑、月记窑等德化窑各申遗点的保护、传承和利用，举办陶瓷主题的国家级、世界级创意设计大赛，围绕德化陶瓷文化，以标志性工程开工、景区提升项目开放、旅游节庆活动、文旅融合先行示范重点推进"六项抓手"、泉州港申遗、举办文旅赛事等为契机，举办系列活动，如"云游德化""德化探宝""线上文旅直播""打卡德化白瓷网红墙""一部手机游德化"等活动,创新活动的形式和载体,线上与线下相结合,综合运用新媒体、融媒体等渠道,邀请影视明星做德化文旅融合形象代言人、宣传官、营销大使等,创新采用和推广"云游""直播""公众号"等媒介营销形式,做好文旅融合品牌营销策划和宣传推广工作。

(12)着力构建、打造和塑就世界瓷都(德化)文旅融合示范区的四大愿景。即"海丝陶瓷源、厦泉后花园、生态闲庭院、释道名山缘",推创国家级文化和旅游融合示范区各项工作,围绕愿景开展特色文旅小镇、名村、游线、基地、景区、园区等的融合,使文旅融合新德化可观、可游、可赏、可范。

第二章 推进文旅融合重点任务实施

一核:城关地区("海丝瓷都新德化"文旅融合示范核心富集区)
1. 德化县陶瓷博物馆

德化县陶瓷博物馆是福建省第一家资料齐全的陶瓷专业馆,是德化县弘扬陶瓷文化、展现精湛的陶瓷工艺和悠久的陶瓷历史的一个重要窗口。曾举办2016年首届德化陶瓷艺术双年展、2017年德化窑历代名家名瓷珍品展、2018年世界陶瓷之都·德化当代陶瓷名家(国家级)精品展、"泰兴"号沉船德化陶瓷珍宝回归系列活动。

《瓷海茫茫,文脉永续》陶瓷海丝文化历史影像志

以史实为基础,以故事化呈现地方特色。通过多媒体影像还原技术,将现存书画、照片,以影像形式,串之以真实历史脉络,进行文学创作,形成故事化场景，使陶瓷海丝文化成为"活"起来的历史；灵活创新，拓展文化传承路径。将古窑口分布图、古时烧窑图，通过3D还原当时真实的历史建筑和陶瓷制作的真实场景，将古代工艺技术和现代科学技术完美结合才能打造出具有审美志趣的3D文娱体验；激发情感共鸣，透视地方精神。开展百位长者口述历史影像志，是对德化陶瓷海丝人文底蕴的一次再挖掘。通过约百名生活在德化的老居民之口，用一段段纪实影像，串连起人们对文化根脉的追寻印迹，推动陶瓷海丝文脉的挖掘、保护和传承。

《研思并学，追寻传统》研学教育营地

研学展现文化自信，旅行彰显瓷都特色。将博物馆纳入国民教育体系，解决目前广大博物馆研学普遍存在的"游而不学"的问题，兼顾研学、旅行的特点，结合"文化+旅游+教育"新特色，设计开发与学校教育内容相衔接的课程，力求达到"研有所思，学有所获"的研学目标。开发"德化陶瓷悠久历史""德化陶瓷传统制造技术"等25个精品活动课程，组织聘请、培训200多名研学指导教师，为研学工作的开展提供较好的软、硬件支撑。通过情景式、体验式、互动式的宣讲教育，不断根植海丝陶瓷文化土壤。将博物馆打造升级为研学教育营地，开展学生夏令营、传统文化教育、科学考察旅游、教学实习，使其成为青少年学生研学教育、机关团体传统文化学习的主要阵地。

《文物新说，智慧瓷博》智慧博物馆建设

结合陶瓷博物馆自身特色，利用现代化新技术，从多角度、多渠道全面提升展陈和服务水平，推出数字化体验项目提升游客体验。引进全息投影、AR增强现实、3D触控交互等体验项目，研发用于平板终端及智能手机的多语种鉴赏APP，扩充德化陶瓷文化与历史体验项目和对展示讲解进行数字化升级等，促进德化软实力建设。制作各种著名德化陶瓷的高精度复制品，设置让参观者可直接触摸的区域，为严肃的展览赋予参与性、趣味性。着力提高文物的宣传展示水平，加强展览互动性，展现德化陶瓷的厚重历史和多样文化。

多举并措构建一个文化展示、历史研究、交流合作的平台，进一步加强与全国各陶瓷产区、各博物馆的文化合作和技术交流，加快德化县陶瓷产业转型升级和跨越发展；以陶瓷这张名片带动德化县文旅产业发展，打造"海丝"路上最具山水艺术特质的旅游目的地。

2. 特色文旅融合精品示范街区

打造集陶瓷文化体验、特色观光、时尚休闲、美食娱乐、产业培育等多功能于一体的特色文化精品街区。规划范围西起浔南路，东到醒龙桥，串联德化陶瓷街、浐溪休闲一条街，是德化城关的中心地带。通过创新业态，完善步行街改造升级，发展夜间经济，全力打造出一个集"文商旅购闲"为一体的多功能特色历史文化街区。

打造以海丝陶瓷文化为主题的综合性历史文化街区

（1）贯彻文化保护和传承原则，保护街区肌理和建筑风貌，传承历史文脉和文化内涵，留住德化县的城市情感和市井记忆。梳理低效、闲置的灰色空间，外联内通，通过"针灸式"微改造，保护原有自然生长的肌理，激发街区活力。在街区设计上运用现代建筑语言，平衡商业店面的统一性和多样性。打造陶瓷街文创特色形象，在形象中融合古典之美、瓷器之美，提升演出质量，打造"瓷妞瓷舞""海丝之舞"等演出设计。依托民俗文化，按照"月月有主题活动"的原则，融入德化民俗元素和德化瓷元素，策划"瓷韵流芳谱新章"主题花车、锣鼓方阵、大鼓凉伞方阵、踢球舞方阵、火鼎公火鼎婆方阵、拍胸舞方阵等，加强德化地方优秀传统文化保护。以建筑为背景，人的活动作为主体，从而呈现出来充满生机的街面。

（2）引入新业态，提升历史文化街区整体活力。通过资源整合、空间渗透、功能置换策略，根据资源特色，动静分离，细分五大主题区——静修、禅居、民食、市井、瓷游。改变沿街"铺铺是瓷器"的单一业态，提档升级，丰富业态类型；围绕德化瓷主题，改造现有客栈，植入文化体验型客栈；在公共空间关键节点植入新的主题项目，激发空间活力。营造主街热闹、巷道宁静的氛围，打造出"曲径通幽处，禅房花木深"的意境。同时加强对外推介，主动承接陶瓷博览会、全省旅游产业发展大会等大型活动，积极参与各类文博会和推介会，着力展示德化陶瓷历史街区魅力。

（3）贯彻保护利用与创新原则，创新保护与利用的实施方式，实现街区品质整体提升。充分注重民情、采纳民意，最大程度使其成为人们城市生活与情感的体现。在老街的改造过程中在整条街道穿插几处公共空间，使街道空间伸缩有致，贯彻功能完善和提升原则。整理公共空间，增加旅游服务及文化设施，完善供水、供电、垃圾分类、污水收集等方面设施。站在城市角度完善功能配置，展示历史价值特色。

打造集风情美食、休闲娱乐于一体的魅力浐溪街区带

魅力浐溪休闲游憩带：同时结合"脏乱差"整治和"三边三节点"提升改造工程，在龙津桥头建设"世界瓷都"陶瓷文化景观墙。坚持"灯随路建、路转景移、一路一景观、一景一特色"的原则，坚持城市亮化与环境美化相结合，道路亮化与建筑物亮化相结合，大力实施"点、线、面"相结合的高标准亮化工程，做到灯型与道路相融合，灯光与城市建筑相呼应。浐溪南岸步行街的改造将沿河建设木栈道，设置亲水步道、坐凳和景观眺台等，打造成集休闲、健身、旅游、购物为一体的步行街。经过改造后，浐溪南岸休闲道与浐溪河道融为一体，更加方便市民休闲，定位为重要的城区休闲游憩带、夜游经济的公共活动空间，提升城市文旅品位。

风情美食街区：围绕"原味德化"品牌建设，活化地方旅游资源，打造地域餐饮特色，规划建设浐溪休闲美食街区，致力于打造一处体现地方特色、传递城市文化、缔造品质生活的高品质特色美食街区，形成复合型餐饮文化空间。依托德化农产品，建设集高端餐饮店面、海鲜烧烤、农家大排档等中高端于一体的德化特色美食一条街，游客可以在这里一站式品尝苦菜汤、手工糍粑、鼠粬龟、大肠羹、猪血汤、过饥草汤等德化当地特色美食，还有小龙虾、网红烧烤、冰煮火锅等新潮美味。

休闲文娱街区：业态上强调体验丰富、包容多元，在传统夜宵、夜市基础上，倡导共同发展"夜食""夜购""夜游""夜健""夜娱""夜展"组合，引进酒吧、KTV、露天电影区、唱吧、养生会所等娱乐业态，举办"夜德化醉瓷都"美食嘉年华、浐溪音乐节、"嗨啤德化"啤酒节等大型活动，还将举办舞蹈专场、假期艺术鉴赏、缤纷演出季等文化活动，让夜间经济拥有更深层的内涵，打造浐溪水岸休闲风情街。

3. 世界陶瓷文化遗产公园

依托陶瓷文化遗产和古民居，以屈斗宫、祖龙宫遗址保护为先，整合城镇综合开发，修复古街区，复原古城风貌，规划建设以屈斗宫古窑址为核心的保护区（屈斗宫古窑址遗产点、屈斗宫德化窑址博物馆）；海丝传奇文化体验区（海丝传奇文化科普公园）；祖龙宫历史文化休闲街区（祖龙宫—古庙堂遗产点、瓷都繁市古街、"海丝传奇"文化展演中心）；瓷都人家古民居生活社区（"瓷都人家"精品民宿、"海丝瓷邦"度假酒店）。助力陶瓷文化遗产活态传承，整体复苏陶瓷文化的繁荣景象，打造具有"世界风范、古街风韵、时代风貌"的世界陶瓷文化遗产公园。

4.世界陶瓷工业文化旅游区

整合提升原德化第一瓷厂、第二瓷厂（红旗瓷厂），以陶瓷工业为基础，拓展产业链上下游，以"文创产业、艺术产业、文教科普"为元素，打造时尚风情的陶瓷文化创意集聚区、世界瓷都的工业旅游典范，国家5A级旅游景区。规划建设现代陶瓷工艺体验中心、陶瓷文化创意设计中心、陶瓷科技创新体验中心、"全瓷"创意生活街区、陶瓷文化艺术街区、DIY陶艺空间。

5.月记窑国际陶艺村

以德化瓷烧制技艺非物质文化遗产的传统龙窑（月记窑）柴烧、传统手工制作为主题，还原德化传统原生态的陶瓷生产场景和制陶工具，增加拉坯、利坯、施釉、画坯和烧窑等原生态制瓷工艺过程体验项目。以当代国际陶瓷艺术创作、交流、展示等陶瓷文化活动为载体，以扶持大学生创业、艺术家文创园区为目标，设立陶艺创作基地，力争打造成一个集传统龙窑生产场景，陶瓷艺术创作、展示、交流、体验活动和农耕民俗文化及家庭农庄体验于一体的"世外陶源"。

6.石鼓村美食广场

石鼓村位于德化县浔中镇，借助特殊的地理位置和便捷的交通条件，加上离城关较近的优势，打造美食一条街的特色餐饮品牌。统一采用"戴云山筑"的风格，围绕公共空间建设、农家乐外立面改造、农家乐内部服务三方面进行打造。持续举办"原味德化·石鼓美食节"，提升"三黑三黄三宝"等生态安全特色农产品价值，打造农业特色产业集群。加强美食文化和旅游的融合，为瓷都德化旅游餐饮注入一股新鲜的元素，全力打响"石鼓美食街"旅游品牌。

7. 中国白·得心酒店

中国白·得心酒店是一家集客房、餐饮、娱乐、陶瓷于一体的多功能休闲度假酒店。酒店的设计也应将地域文化作为设计的主题，充分利用当地的地域文化元素，从而形成别具一格、行业领先、地域特色浓郁的酒店设计，使地域文化元素在酒店设计中的核心地位留下深刻印记。

服务设施：酒店公共部分设计要把德化当地陶瓷文化和自然环境结合起来去体现传统民俗文化，使用本地的特色体现出地域的特点；要将酒店的一些设计元素与当地的代表陶瓷文化相融合来建设。在"中国白"主题的带领下，把酒店内的各个公共空间区域连接起来，构成一个完整的整体。

现代人更倾向于从酒店去感受文化、民俗和历史所带来的独特感情。将当地的陶瓷文化有效融入到酒店室内设计当中，不但能够切实提升酒店的艺术性，还能够渗透文化本质和内涵，进而吸引大量旅游者来到本地，推动德化经济水平的提升。为了营造出中国白陶瓷文化氛围的客房空间，客房的总体色调可以白色为主，活泼有效地运用色彩，把握运用色彩的度，使色彩在营造客房主题的过程中发挥更大的作用。

娱乐区域：保护和传承地域文化。对于游客而言，酒店不仅是休息场所，更是一种文化载体，在酒店室内设计中融入地域文化既是对传统文化的传承和创新，又是对地域文化的保护。中国白·得心酒店内部设有陶瓷DIY体验馆、展览馆、儿童乐园、茶室等康乐休闲设施。

陶瓷DIY体验馆：陶瓷体验馆可供入住的客人前来参观体验陶瓷制作，可以让客人亲自制作陶瓷，并将完成品带走。陶瓷体验馆还提供寄送服务，使入住酒店的客人无须担心陶瓷破碎等问题。陶瓷体验馆配有专门的制陶师，制陶师在指导酒店客人制作陶瓷的过程中，讲解陶瓷制作文化等，使酒店客人更进一步了解、体验陶瓷的文化。陶瓷制作还可推出亲子套餐、情侣套餐、闺蜜套餐等，使制作陶瓷的过程不再单调，增添陶瓷制作的趣味性、互动性。体验馆还可增设迷你陶瓷制作体验项目，迷你陶瓷制作难度低，形象更加小巧可爱，制作完成后携带方便，更有利于小朋友上手操作。

餐饮区域：酒店餐厅设计色彩上应以陶瓷白为主调，从餐具到各式装饰品的颜色都配以同色系作为呼应，使餐厅色彩统一又不失个性。在菜品上主要以德化有名的"三黑三黄三宝"来推出一系列菜肴。

8. 中国白博物馆

中国白博物馆是世界瓷艺设计大师、2008年奥林匹克美术大会唯一"最佳创意作品奖"获得者、德化陶瓷学院客座教授、中国著名陶瓷艺术大师陈仁海创办的福建德化辛默楼陶瓷研究所和德化中国白陶瓷有限责任公司的"中国白""中国红"陶瓷艺术展馆，是陶瓷文化艺术欣赏、交流以及文化旅游的艺术圣殿。采用功能分区的建造模式，将"中国白"艺术馆打造成集欣赏、研学、体验、购物于一体的综合性文化旅游目的地。

展览区

在现有的基础上，以"国礼"的展示为中心和固定展出部分，其他展区可以结合相关活动或比赛进行展品的更新，提高游客可以多次到达旅游目的地的吸引力。同时，相关展品也可以走出艺术宫，在全国乃至全世界范围内进行巡展，让德化县的海丝陶瓷文化"走出去"，邀请世界共享宝贵的文化财富。

交流区

为更好地实现文旅融合的深度，旅游目的地的文化渗透应该做得更加完善，可安排专业人士在交流区为有需要的游客进行答疑解惑和文化交流。交流区的建设，能够更好地体现"以旅彰文"的融合理念，同时使德化的海丝陶瓷文化更加正确且优质地传播，提升游客旅程中的文化内涵，使旅行更有意义。同时，为了更好地传播德化县的海丝陶瓷文化，艺术宫可以定期与一些学校、协会等组织进行合作，开展研学活动，体验优秀文化。

文创区

利用现有的"陈仁海中国白"品牌，设计一系列产品，包括文具等日用品，也包括以展现陶瓷工艺为主的小型工艺品。同时也可以和其他品类的物品品牌进行联名合作，打造一些旅游纪念品，将文化进行更快、更广的传播。

三区：

- 西区（休闲生态文旅融合体验集聚区）

9. 李溪、潘祠

雷峰镇潘祠、李溪与蕉溪天然的地下温泉串联成一条旅游线路，该线路的两侧有天然的竹子、梯田、耕牛、农家、古民居、民俗、音乐、樱花、百年古树等自然和人文资源。潘祠村位于雷峰镇西部，目前已建设完成蕉溪、潘祠、李溪公路"单改双"工程10.4千米，硬化角落公路约3千米。

生态观赏

山樱花海——潘祠村目前种植乡土品种福建山樱花100多万株，千亩（1亩=1/15公顷）花海初具规模。在此基础上，配套建设樱花观赏大道、环村樱花慢道、观樱台等。同时，政府应加大扶持力度，在人才、技术、资金等方面给予大力支持，培育高质量品种，致力于建设"闽南最大樱花村""全县最大山樱花基地"。山樱花每年春节前盛开，花期1~3个月，在樱花盛开期间，举办山樱花节，吸引各地游客前来观赏。在满足自我发展的同时，积极培育樱花幼苗，销往各地，发展"互联网+"产业，促进林业和旅游业融合发展。

竹海古树——李溪村千亩竹海，是距离德化县城与泉州市区最近、面积最大、生长最佳、保护最好的竹林。在竹林道路两旁，还有一片古甜槠林，其中最大的一株古甜槠，树龄高达476年，甚是壮观。古甜槠林生长旺盛、生机盎然，和毛竹林相映成趣。依托千亩竹海与百年古树，修建观赏步道、观景平台，打造天然氧吧，吸引游客深入体验丛林乐趣。

多彩梯田——雷峰镇李溪村大山深处的500多亩梯田蓄水充盈，层层叠叠的田块、弯弯曲曲的田埂，构成一幅壮美的初夏乡村美丽画卷。由于海拔高低不同，同处于一座山坡的梯田，四季色彩多变，形态各异，共同组成了一幅幅精美的图画。依托李溪虎贲山，建设高空滑索，使游客在体验刺激惊喜的同时，开阔视野，将层层梯田尽收眼底。

休闲体验

潘祠村七彩滑道长122米，高18.8米，以此打造网红旅游景点，从农业休闲产品上升为文旅综合产品，从度假体验上升为人文景区，从产品架构出发，综合引领乡村旅游。潘祠百花园，除种植当地花卉，从漳州、山东等地引入各类品种，打造成花卉基地。用多肉配陶瓷花盆，创造具有德化特色的文旅产品，并进行线下与线上的售卖。同时线下还可以发展体验产品，吸引游客进行DIY体验。以蕉溪温泉为核心，努力打造包括1个国家4A级以上旅游景区的知名温泉特色文化旅游项目，在体验温泉风情的同时，举办温泉美食旅游节，围绕"旅游+养生"，将美食与温泉高度融合，致力打造"康养温泉美食之都"。

研学旅游

潘祠村立足"罗浪故里"的特色，打造罗浪音乐主题公园，完成罗浪雕像、罗浪人生乐章规划设计，筹建罗浪励志室。在此基础上，创建研学基地，传承罗浪故事，传播红色文化。结合人民公社主题餐厅、红色民宿，以红色教育为主题，打造特色红色研学旅游基地。此外，李溪村每年农历四月初八通过迎神、颂文、上贡、敬牛、游田、接敬等来庆祝耕牛节，举行耕牛节摄影大赛，以农耕文化教育为基础，着力打造成集研学教育、休闲观光、旅游度假为一体的乡村旅游度假区。

10. 佛岭

佛岭村是历史文化名村，至今完好保存着本土建筑特色。对佛岭村进行个性化设计，赋予其崭新的生命力，将对传统建筑的保护与利用以及当地文化旅游事业的发展具有积极的作用。

佛岭村民宿建设方案及招商引资工作

结合佛岭村传统民宅的选址原则、布局特征、空间构成、院落组织、建筑装饰艺术等多个方面进行分析，选择一处传统民居建筑进行改造、设计民宿。突出特色体验、主客互动和乡村情怀，并展现佛岭村地域特质和文化内涵。

德化县在对佛岭村进行乡村民宿招商引资时，可充分利用展会平台和企业招商平台，并重点关注人才合作、优势项目招商以及核心文化企业招商等方面。

古村落活化保护

佛岭传统村落中蕴含宝贵的历史信息与人文价值，是中华民族历史与文化的厚重积淀。传统村落文化所具有的独特魅力与人文价值具有不可复制的特点，一旦遭到破坏，便不可再现。因此，在对佛岭传统村落进行保护时，我们要秉承遗产活化利用的原则，从大局出发，从两方面着手工作：一是要做好传统村落文化的保护工作，村落文化中的建筑布局、传统建筑、民风民俗、节庆礼仪等具有区域特色的传统文化，都要做好保护与恢复，尽最大可能还原其本真效果；二是从遗产活化利用的角度，在做好村落文化保护工作的基础上，最大限度地发掘其经济与社会价值，使其能够重新焕发活力，实现更大发展。特别是在对传统村落进行旅游开发时，务必要保持文化的本真性，还原真实的历史场景,避免因过分追求经济效益而淡化、消融传统文化的精髓,要做好对传统村落文化的合理活化利用,充分发挥出传统文化的社会价值与文化价值。

坚守文化本真

传统村落不仅是传统文化遗产的载体,也是村落居民生产生活的栖息地。传统文化从村落发源,在历史中成长,凝聚了古代先民的智慧与理念,是值得代代相传的宝贵财富。基于遗产活化利用的视角,传统村落的保护和传承工作离不开村落居民的参与配合,所以要提升村民觉悟,让村民对传统文化产生认同感与自豪感,尤其要最大限度地唤起年轻人的思想和情感共鸣,增强文化认同感,这是保护工作的首要任务。村民意识到自己才是村落文化的主人,才能自觉自发地参与到传统村落的保护和传承工作中。深入挖掘传统村落的历史内涵、文化肌理和人文情怀,寻根问源,解读内涵,讲好故事,凝心聚力,在合理追求经济利益的同时,坚守住传统文化的本真,这样才是传统村落遗产活化利用的最好表现。

· 东区(观光游憩文旅融合沉浸集聚区)

11. 桃花源风情岛

桃仙溪景区桃花岛位于德化县南埕镇,岛上种有近万株呈八卦阵的桃树,是福建省最大的桃花广场。桃仙溪景区分布的主要景点有百年老樟、迎客松、两树相拥的情侣树、亚热带藤木植物、古树群、大洲宫、蟠桃园等。桃花岛景区提级重在体现自然主义风格,再现世外桃源意境,传承千年文化精粹,建成以山林野趣、桃源隐逸为主题的华东桃花旅游第一岛,打造以"桃花源风情"为主题的度假胜地。

世外桃源文旅综合体

打造桃花源风情文旅综合体,建设现代花园式生态旅游环境,构建新型山林生态—海岛休闲度假体验模式。整合桃花源文化、德化民俗文化以及非遗技艺等资源,打造全新浸入式、全视野、全流域的河流剧场《桃花源记》,立体化、艺术化地呈现桃花岛"此山、此水、此人"的宁静生活,再现陶渊明笔下画卷般的处处风情。建设"桃文化诗歌墙",将诗词文化与旅游观光打造紧密结合。积极开展"花间旗袍秀"、"汉服文化体验"、"醉美桃花林"

摄影采风、"牵手桃仙溪"篝火晚会、"桃醉"春色千人游等桃花主题的系列活动。同时，游客可以亲身参与户外垂钓、蔬菜认种、家禽养殖、水果采摘等娱乐活动，体验"大隐于市"的田园劳作慢生活，在桃花岛感受江南水乡农家的休闲乐趣，寻求心灵休憩。

"渔人码头"休闲渔业综合体

依托"万亩桃源"与"休闲渔业"两大主题资源，探索渔旅结合发展方面的新路径，先期将桃花岛景区打造成为集休闲观光、餐饮娱乐、海岛度假等功能于一体的"渔人码头"休闲渔业综合体。建设"中流击水，浪遏飞舟"桃仙溪漂流项目，提升"皮筏艇漂流大赛"知名度，打造"闽中最美漂流赛道"。建设水上音乐喷泉和公益垂钓区，打造飘浮式放鱼台，为游客提供水上垂钓、岸钓、水上观光、游览、水上餐饮、水上娱乐、采摘、水上婚礼等各类休闲活动。构建桃仙溪生态景观长廊，营造原生态的国家级郊野岸线。

"水上生态园"

打造一个以野生动植物为核心，以多空间展示为特色，真实与想象互动交融的新型生态观光岛。在充分保护和利用现有资源的条件下，采用大圈散养的方式，将动物分区隔离散放，打造多处动物观赏及娱乐休闲区，让游客与野生动物零距离接触，营造返璞归真、回归自然的氛围，形成人与自然相融、人与动物易位的旅游特色。推出"夜间动物大巡游"活动，开展"水域探秘"夜间项目，游客可以坐上游船体验一把前所未有的宁静。成群的天鹅一路随行，沿岸呆萌的水豚、欢腾的猴子形成一道靓丽的风景线，让游客在"动物奇妙夜"中感受到人与自然的和谐。

12. 南埕镇夜游风情

南埕镇为泉州市"十佳魅力乡村"之一，自身拥有三大旅游项目——桃花岛、石龙溪、塔兜温泉；同时，南埕镇还是德化县唯一同时拥有"两区两园"（戴云山国家级自然保护区、岱仙湖国家级水利风景区、石牛山国家森林公园和石牛山国家地质公园）四个国家品牌的乡镇。南埕镇是德化东线重要的旅游服务基营地，可以提供旅游咨询、换乘、餐饮、购物、住宿等多种旅游服务。可以构建"灯、水、城"为主题的南埕"三位一体"的夜旅游格局，坚持"三业并举"，大力发展以旅游休闲、文化休闲和商业休闲为特色的休闲夜旅游产业。

灯火阑珊处——水上灯火游

南埔镇境内溪流密布，纵横交错。以现有水系为依托，打造以"水"为主题的夜游格局，合理而艺术地利用水景资源和水路相接形成的多样化的滨水地形，构建水主题夜游景观和水上旅游线路，打造夜游航线，对区域夜景进行整体规划，利用光影效果激活传统景观，联通标志性景点，营造"夜松江"美景；另一方面水岸联动，构筑滨水休闲节点，形成面向民生的夜旅游产品。利用灯光艺术强烈的视觉冲击力和艺术表达力，不仅仅能够提供照明，勾勒景观外形，而且可以营造空间，赋予人们更加丰富和有趣的空间体验，形成极富创意的灯光艺术，打造出创意化的观光型夜旅游产品。

《印象南埔》——山水实景灯光展

打造山水实景演出，运用多维空间手法、声光技术与德化本土特色文化相结合，采取全息 5D 光影秀技术，转变演出形式单一的劣势，打造焕然一新的夜间演艺，给予游客五觉全方位体验。同时，大力开展能够真实反映本土文化的音乐剧、话剧、水幕等主题演艺，以新颖的表现方式调动游客的参与性。认真总结推广《印象·刘三姐》现象的经验，奏响历史文化资源"发掘整理、包装提升、保护利用"三部曲，规划一批集自然景观、历史文化、休闲旅游于一体的旅游经典项目，开创山水、文化、旅游融合发展的南埔模式，也开启日间旅游和夜间旅游相结合的旅游发展模式。并以"自然景观、灯光场景、特色文化"为内容，打造区域夜经济新面貌。秉承"创新、开放、生态、共享"的发展理念，既做到灯光照明效果与当地的自然环境相协调，又倡导绿色生态理念，采用低能耗、环保的照明材料，以实现"生态领先，绿色发展"的目标。

万家灯火——南埔夜市/商业街

通过打造各种各样的集零售、餐饮、娱乐等多元业态为一体的综合性商业化休闲中心、品牌集聚的特色商业街或风情浓郁的夜市等，形成特色夜旅游项目，吸引外地游客参与体验当地生活，满足旅游者充分选择、休闲生活和个性消费的多种要求。规划推进城市道路提升、旧城改造和打造集餐饮、娱乐、休闲为一体的城市观光休闲景观大道。科学引导，合理规划，集中发展小商铺，融入当地特色文化，将饮食、民俗文化融入本土文化特色，塑造品质卓越的旅游业态链。

产品化构建南埕美食夜市、城市酒吧、夜间景区实体书店和特色休闲场所。

- **北区（乡村田园生态文旅融合赋能集聚区）**

13. 九仙山景区

九仙山景区是国家 4A 级旅游景区，素有"中土蓬莱第一山"的美称，是一座集观光、朝圣、避暑、疗养、度假为一体的旅游胜地。山上的湿度、风速、雾气均居全国第二，固有佛光、云海、雾凇等气象奇观。

开展景区再建造工程

综合考评游客评价反馈和 5A 级景区评价标准，落实完善九仙山景区以交通为主的基础设施，重点解决游客从公路到景区的最后一段路，为游客提供最便利的游玩体验。建造一尊白瓷材质的佛像，将海丝陶瓷文化、佛教文化和九仙山生态文化融合在一起，使景区产品更加丰富，更具吸引力。

九仙山营地项目

基于九仙山特有的气象奇观与佛教文化特色，开发更具体验性的"营地式"特色项目，满足有过夜需求的游客。营地内为自带相关设备的游客提供场地以及必备的基本用品，也为其他游客提供设备租赁服务，在保障安全的基础上，基于气象观测台，开发游客可参与的体验项目，使其深度感受九仙山景区雾凇云海等气象奇观。营地内根据不同时期的气候特点，开发具有特色的夜间系列活动产品，利用九仙山适宜的气候，为游客提供 24 小时全时空的深度体验。

修建以"净—静"为主题的书店

将九仙山风景区的"净"和佛教文化中的"静"相结合，打造一个以"jing 心"为主题，可以饮茶、喝咖啡并交流文化的书店。店内书籍以当地文化和佛教文化为主，同时提供一些文创产品，使其成为九仙山的一个地标性建筑。

采用有针对性的营销方式，精准营销

九仙山景区的一些气象奇观，需要以更直观的方式展现给潜在的游客。既可聘请专业的团队将九仙山的美景与文化展现在一个短片中，也可通过在相关热门平台举办"九仙山景区 Vlog 大赛"，进行优秀作品集锦，形成更具说服力的宣传短片。

14. 戴云山森林旅游中心

建立一个集观光、避暑、探险、度假、科学考察等休闲服务于一体的"诗意盎然生态休闲山"戴云森林旅游中心（含森林疗养中心），为游客提供徒步登山、游览后宅村瀑布群、体验森林浴等服务，并作为德化县北部乡镇发展旅游业的中心。

野生动植物观赏旅游

凡旅游无不带有观赏的性质，可选择一个合适的地点作为瞭望台，通过高倍望远镜，欣赏鸟类的飞行和兽类觅食等活动，从而了解鸟兽的群体生活状况。再如可在戴云山戴云寺附近地势平缓地段建立珍稀植物生态园，园中植物初期培育可以本地主要的国家珍稀物种为主，如红豆杉、银杏、水松、水杉、长苞铁杉；并适当引进适合本地生长的国家其他珍稀植物。也可在位于戴云山保护区东麓山脚下的双芹村泉州写生基地附近建立一植物标本室，为学生识别植物提供一个良好的途径。

森林垂直带谱生态回归游

利用戴云山垂直带谱发育齐全优势，选择大戴云从海拔1 060米到1 856米的一条山顶小路路线。由于落差大，植被的垂直地带性分布也较为明显，沿途可观赏到常绿阔叶林、针阔混交林、黄山松林、山地矮曲林、山地草甸等植被景观，适宜开展森林垂直带谱生态回归游，使游客感受这种依次排列在不同高度上的植物群落结构，了解其群落的多样性及植物生长必须的生态环境，树立环境保护意识。同时，自然保护区内高浓度的空气负离子具有降尘、灭菌、调节人体代谢等功能，是进行森林浴的好去处。

科学考察旅游

保护区是生物学、地理环境学科和农林学科的研究基地，该区应主持制定长远的科研规划和年度研究工作计划，组织有关单位和专家开展研究，与高等院校相关专业（如泉州师范学院地理系）、专家合作设计科学考察与专业实习（如植物土壤实习）适合线路，开展年度多日型科学考察旅游。

健身疗养度假旅游

森林旅游有别于其他任何类型的旅游类型，其显著之处在于其绿色生态环境，具有健身、度假、疗养、保健等多种功能。自然保护区内高浓度的空气负离子具有降尘、灭菌、调节人体代谢等功能；而林中小气候具有明显的强身健体作用，保护区完全可以利用这一方面的优势开发新的旅游项目。在本区戴云山保护区东麓山脚下的双芹村泉州写生基地，可将戴云山的崇山峻岭，大小险等戴云山主峰尽收眼底，高山空气清新，林木葱郁，是建立度假村庄的好场所，可将其扩建成戴云山生态度假村。

森林探险旅游

位于戴云山自然保护区东部边缘的大小险主峰，属于凸峰类型，山路狭窄崎岖，周围就是悬崖峭壁，是探险的最佳去处。可在其峰顶附近适宜观光的场所建一揽胜台，供探险者游览其险峻的地形。亦可在戴云山生态度假村附近建立青少年野营俱乐部，室内为青少年讲解探险、野生生存训练必须注意事项以及观看相关的影片，而后在野外进行实践并举办各种比赛。这不仅有利于增强青少年的体力，而且还能增强他们在野外生存、探险的能力。

15. 云溪耕读村

以云溪村入选中国传统村落、省级传统村落为契机，加快推动文化和旅游深度融合，依托云溪村厚重的耕读文化、独特的地域风情，打造一批集家风文化、非遗文化和民俗文化旅游为一体的文旅产业村落，推出一批特色鲜明、风格各异的精品文旅项目。

建设三大品牌文旅项目：青少年耕读教育基地（"一门九进士"鱼池楼、"数云斋"农家书屋）、"九堡十八寨"青石古堡古道游、民俗文化旅游节。

青少年耕读教育基地

对古厝进行旧屋活化，赋予休闲场所新功能，按照古色古香、修旧如旧的原则，修复那些具有浓厚人文、特色鲜明的古老建筑，力争建成德化县乃至全市传统村落保护建设的示范点。以旧屋为基础，进行活化改造，作为乡村书屋和游客休闲场所。其中以鱼池楼为重点改造升级项目，基于其深厚的人文底蕴，恢复鱼池楼旧有学堂功能，将其作为国学讲堂，定期邀请乡贤、学者授课，读家风家训，领略耕读科举的人文之风。

"九堡十八寨"青石古堡古道游

云溪村是"吊脚楼"建筑古村，有"云溪八百家，祖厝十八葩（幢）"的美谈。通过实施云溪村传统村落保护发展工程和传统建筑保护提升项目，一方面把几百年留下来的古厝保护好,再现传统建筑风姿。另一方面,以此发展古厝古道游,让更多人感受云溪村"戴云山筑"的古厝古村风貌、多彩纷呈的民俗文化和向善向上的人文底蕴,走出一条有云溪传统村落特色的文旅融合发展之路。

民俗文化旅游节

挖掘和发扬云溪民俗文化旅游资源,体验民俗文化风情,传承非物质文化遗产,感受传统村落古民宅魅力。通过"迎龙灯""过关煞""关公洗刀"等一批极具地方特色的民俗活动,以及云溪刻纸、纸狮纸龙非遗文化,让游客与村民一道共同感受云溪独特的民俗风情,进一步提升云溪的知名度和美誉度,打造云溪乃至德化文旅融合新亮点和新的文旅经济增长点。突出文化的挖掘,使旅游节成为德化与其他地域乃至省内外文化交流的一个平台,成为体现深厚文化底蕴的一个缩影。

"文化为魂",深度挖掘物质文化、民俗文化、家风文化、廉洁文化,加强刻纸、纸狮纸龙等非遗技艺传承。"文化为媒",深度挖掘人文优势,推动文旅深度融合,加快建设美丽生态宜学宜游的"闽中明珠",力争让云溪从地域之"极",发展绽放出大美之"极"。

第三章 推动文旅融合标志工程落地

1. "提创"工程:德化城关"东-西瓷厂文旅融合示范街区"新空间创生

规划历史文化街区。以红旗古陶瓷厂、屈斗宫、祖龙宫等文化遗址为依托载体,扶持做大做强"东瓷厂历史文化街区"重点标志工程项目,在原有文化旧址上，规整重建，修旧如旧，以中国陶瓷历史文化特色街区为定位和导向，进行规划和建设，展现历史、现状和未来，活化和赋新以海丝文化、陶瓷文化为重要内核的德化文旅融合产品体系和业态，突出文化性、传承性、代表性，打造成未来德化文旅融合示范区的重要文化地标。以县城城关陶瓷街后的古瓷厂为依托载体，扶持做大做强"陶瓷街西瓷厂文创休闲街区"重点标志工程项目，在原有规划和现有基础设施和条件上，提质增能，扩展和丰富空间样式和业态功能，重新规划成以文创街区为定位和核心功能的大中型文旅融合型创意文化街区，重构空间布局及产业业态，积极进行宣传和营销，招商引资，打造成未来德化文旅融合示范区的重点文化区。

作为重点标志工程项目推进的东瓷厂历史文化街区、西瓷厂文创休闲街区，互为依托，相互支撑，形成东西之势、构建文旅之犄，在空间、产业、业态、产品等方面形成功能富集区、文旅地标、融合示范。

（1）西瓷厂文创休闲街区

特色文化区

从全市高度统筹协调历史文化名城的保护与发展，在保护街区原有建筑风貌的基础上，加强相关陶瓷海丝文化遗产传承，融合戴云山式建筑，平衡商业店面的统一性和美观性，传承历史文脉和文化内涵，留住德化县的城市情感和市井记忆。以建筑为背景，以人为活动为主体，呈现出充满生机的街面，以节兴文，以大型节事活动提升陶瓷街文创特色形象，在形象中融入当地民俗文化和陶瓷文化，设计出文创产品、主题演艺等优质产品，策划陶瓷文化主题活动，以陶瓷街精品文创街区打造海丝陶瓷文化名城城市形象。扩大浐溪陶瓷街文创街区的开放和公益使用，让专业人士、市民、旅游者有更多机会参与文创街区共建，共享名城成果。同时要加强交流合作，主动承接陶瓷博览会、全省旅游产业发展大会等大型活动，积极参与各类文博会和文创会，着力展示德化文化魅力。

休闲观光区

在老街的改造过程中穿插公共空间，实现街区品质整体提升，完善浐溪陶瓷街开放式休闲街区旅游公共服务设施，营造独特的街区氛围，进行差异化发展，使街区旅游公共服务设施建设与街区发展脉络保持一致。突出浐溪两岸的景观配置，设置滨水空间，建设街区灯光艺术群，并吸引主题化、特色化的休闲娱乐产业商铺集聚，为居民和游客提供休憩场所，逐步形成集休闲、观光、娱乐为一体的步行街；经过改造后，浐溪南岸休闲步道与浐溪河道融为一体，更加方便市民休闲与观光，运用"文化化、精致化、创意化"方法构建富有内涵的空间符号，呈现出符号化的休闲消费空间，体现独具魅力的历史街区文化，塑造文化符号，形成重要的城区休闲观光区、夜游经济的公共活动空间，提升城市文旅品位。

多元购物区

贯彻创新发展的原则，改变沿街铺铺是瓷器的单一业态现状，提档升级，丰富业态类型。吸引艺术商店、艺术创作室、特色展厅、知名高档餐饮、家居服饰、室内娱乐设施等一批知名品牌入驻，设立多样化沿街店铺，将浐溪两岸打造成多元化的文旅融合体验购物区。邀请知名艺术家前来加盟陶瓷艺术工作室，借助艺术家知名度和陶瓷的独特性形成特色品牌，提升陶瓷产品的档次和品味。聘请优秀设计师，将陶瓷元素融入家居服饰、艺术品等，设计出多种具有当地特色的产品，激发片区活力，在展厅定期举办展示活动，吸引游客前往购物。

美食娱乐区

围绕"原味德化"品牌建设，规划建设浐溪休闲美食街区，依托德化农产品，建设集高端餐饮、海鲜烧烤、农家大排档等中高端店面于一体的德化复合型餐饮文化空间。在传统夜宵、夜市基础上，引进酒吧、KTV、露天电影区、唱吧、养生会所等娱乐项目。定期举办美食节、音乐节、啤酒节等大型活动，结合主题灯光秀，将灯光造景融入夜市，丰富夜间娱乐内涵。改造现有客栈，设计建造具有陶瓷文化、民俗文化的主题客栈。综合建设成集饮食、娱乐、夜游、住宿为一体的浐溪休闲风情街。

室内游玩区

发展智慧科技旅游。新奇炫酷、体验感强的游乐项目是当下极为火热的旅游产品，能够满足当今游客尤其是年轻游客的猎奇心和体验感，通过拍照、网络交流、口碑相传等扩大客流量，形成打卡效应。且室内游乐项目受季节温度影响较小，四季皆宜，成为吸引家庭客群的有利武器。新奇独特的环境和设备，精准巧妙的活动和营销，日益聚集的人气和财气，形成网红效应且快速扩散。在"陶瓷街（东厂）历史文化街区"的创建过程中，丰富浐溪两岸的业态产品，发展一批包含滑梯、海洋球、蹦床、攀岩、迷宫、VR体验、陶瓷DIY等现代流行的室内游玩项目，吸引儿童、情侣、亲子等主体前往打卡。

（2）东瓷厂历史文化街区

以德化"世界瓷都"美誉及厚重的陶瓷文化底蕴为基底，依托屈斗宫宋元古窑址、祖龙宫窑神圣殿、程田古街遗址以及德化第二瓷厂(红旗瓷厂)，整合城镇综合开发，修复古街区，复原古城风貌，助力陶瓷文化遗产活态传承，整体复苏陶瓷文化的繁荣景象，打造具有"世界风范、古街风韵、时代风貌"的世界陶瓷文化遗产公园。并将文化与陶瓷技艺结合，以"文创产业、艺术产业、文教科普"为元素，拓展产业链上下游，打造德化陶瓷的世界陶瓷工业文化旅游区。构建"文化遗址公园"与"工业旅游"并行的"东瓷厂"历史文化街区，打造"景城同建，主客共享"的繁华新瓷都。

文化遗产公园

屈斗宫、祖龙宫、程田古街遗址的开发坚持"保护为主、抢救第一、合理利用、加强管理"，以保护为先的原则，保证其完整性和原真性；对已经列入文化保护单位的遗址遗迹进行重点修葺保护，加强日常的维护与保养，进行"保护—开发—可持续发展—反哺"良性发展，恢复旧时瓷坊，展示旧时风貌，正确处理好遗址保护与开发的关系。采用"真实性"与"虚拟真实"相结合的保护手段，利用VR-AR技术，减少遗址因观赏、开发等原因造成的损耗。可持续地开发，使经济效益与社会效益统一，互相促进；重视非物质文化遗产的保护与挖掘，如与德化陶瓷文化相关的技术技艺、祭祀活动、民俗活动等，以开设古陶瓷手工艺讲座，老手工艺人再现陶瓷手作流程，定期举办宗教祭祀"窑坊公"等方式，深入发掘当地传统文化资源，把德化文化遗产的文化色彩放到最大，让原本的遗址资源变得有血有肉；进行文化遗产活化，采用现代虚拟现实手段，将遗址进行数字化收录与展览，开展国际陶瓷文化交流峰会，举办德化陶瓷文化遗址知识问答比赛，每年常态化举办，提高德化人气；改善旅游公共服务设施（旅游信息服务、游客服务中心、餐饮、娱乐、住宿系统、旅游交通、标志标牌），发展特色民俗业—瓷都人家古民居生活社区（"瓷都人家"精品民宿、"海丝瓷邦"度假酒店），逐步建成一套科学系统的文旅融合产业链条。

世界陶瓷工业文化旅游区

整合提升原德化第一瓷厂、第二瓷厂（红旗瓷厂），打造时尚风情的陶瓷文化创意集聚区、世界瓷都的工业旅游典范、国家5A级旅游景区。以红旗陶瓷厂为载体，结合德化陶瓷的发展历史以及海丝文化，并充分依托工业文化，开发文创产品，提升工业文化旅游的附加值，建设"工业+旅游+文创+商业"产业融合的陶瓷文化创意设计中心。同时可规划打造特色工艺品展示区，在普及文化的同时，在视觉效果上吸引游客。打造DIY陶艺空间、现代陶瓷工艺体验中心、陶瓷科技创新体验中心等体验型场所，创设文化体验活动的情景，寓教于游；依照不同学龄学生的动手能力差异，开设体验式的工业制造活动，同时可以开发AR、VR产品，使烧窑等较为危险的工业生产活动以虚拟仿真形式开展，以保证学生的安全，让学生从工业旅游中获得轻松愉快的消遣和学习。优化公共服务，进行公共服务建设、城市风貌改造、休闲空间优化等规划建设，打造一个"全瓷"创意生活街区、陶瓷文化艺术街区，展现现代技术与传统陶瓷产业的完美结合，迎合时代潮流。

2."提造"工程：海丝国家主题文旅小镇的借势打造

德化作为承载着海丝文化记忆的重要组成部分，应承担起海丝文化传承与传播的重任。"海丝风情"小镇的建造，不仅是历史记忆的重现，更是对文化的诠释。借助主题旅游小镇、地中海风情园、摩洛哥风情园的建设，活化海丝文化，展现一个动态的海上丝绸之路博览会，使其重现生机。

（1）"海丝风情"文旅小镇

整个小镇按照海上丝绸之路主要航线沿线国家在陆路上的位置建成，被分成若干个部落，代表不同的国家，相应的部落建筑结构与样式模仿代表国家建成，使整个小镇成为海上丝绸之路的缩影。建设南亚风情街、东南亚康养中心、古巴比伦艺术园、古埃及探险基地，海丝主题游乐场、特色风情民宿等，使顾客真实感受到各个国家独具的魅力。

每个国家的主题部落邀请外国友人常驻，确保体现出每个国家当地的真实情况与风情。小镇不仅融入海丝文化，每逢各个国家的重要节日，还会举办相关的节庆活动，做到文化和旅游深度融合、广度融合，让游客可以在一个小镇同时感受到多个国家的风情，避免出现景区没有创新、淡季明显的情况出现。

南亚风情街

以"宗教、纱丽、咖喱"三个关键词为依据,从文化、服饰、饮食三个方面展现南亚的地区特色。在该片区建设寺庙、塔等建筑群,充分体现出宗教文化的特色。服饰特色的展现,由商品和体验项目两个方面展开,游客可以选择作为旅游纪念品进行购买,也可以进行租赁,穿上特色服饰,体验特色文化。风行于各国的咖喱则是这一地区饮食习惯的典型代表。饮食文化可以通过还原各国街头小店,小店内提供特色美食,为游客提供身临其境的真实感。但同时要注意尊重各国的风俗文化,在景区中进行良好的管理。

东南亚康养中心

根据东南亚地区的文化氛围,将该片区打造成"休闲、自然、热情"的东南亚风情,从华丽的宫殿到独具热带风味的小木屋和芭蕉树,供游客感受文化的同时进行小憩,体验正宗泰式按摩,进行一次健康愉悦的旅行。为了让游客更全面地同时体验到东南亚多个国家的特色饮食文化,采取自助餐分区的形式,让游客进行自主选择。一周中每晚举行不同主题的文艺汇演,使游客在享受演出"热情好客,能歌善舞"的热带风情的同时,对东南亚地区的服饰也能够有更深入的了解。

古巴比伦艺术园

建造古巴比伦特色建筑群,古巴比伦人的石柱柱头浮雕技法已经比较熟练,线条朴实有力,可在文化园内建造各种石柱浮雕等艺术建筑。建造迷你伊甸园风格建筑。借鉴古代世界七大奇迹之一的巴比伦"空中花园",建造小型"空中花园",在其中打造艺术展览馆。展览馆内可播放许多关于古巴比伦的神话故事,安排相关人员进行解说,陈列一系列古巴比伦的文明成果展示,可利用电子产品供游客直接翻阅欣赏。

古埃及探险基地

打造古埃及文明建筑群,古埃及建筑群中,正方形、三角形等一些稳固的几何形体经常被用在建筑设计中。在探险基地中建造迷你金字塔群,迷你狮身人面像雕塑群等。仿造卡纳克神庙建筑群里的石柱与雕像建造一个探险走廊,根据不同的人群设计不同的线路,将雕塑与埃及壁画建造在探险走廊,探险走廊内部还可摆放古埃及木乃伊,增加整个探险走廊的趣味性。

探险走廊外模拟打造亚历山大灯塔,可在一些节事活动时利用灯塔燃放烟花,进行烟花表演。早间开放灯塔顶层,使游客可以俯瞰德化全县风貌;夜间开放灯塔顶层空间,在灯塔内安设一些天文研究器材,使游客可以在灯塔顶层观赏到天文景观。

海丝主题乐园

德化作为承载着海丝文化记忆的重要组成部分,应承担起海丝文化传承与传播的重任。"海丝风情"小镇的建造,不仅是历史记忆的重现,更是对文化的诠释,借助主题旅游小镇,活化海丝文化,展现动态的海上丝绸之路博览会,使其重现生机。

融合德化海丝文化,体现海丝文化的特色和内涵,以独具特色的海丝主题游乐场品牌产品明确自身定位,设计研发完全自主创新特色项目,完善海丝特色的游乐设施建设。例如"海丝之路过山车",将传统的过山车做成海丝商贸船的样式,将惊险刺激的蜿蜒轨道包装为海丝之路上的波涛起伏;还有"船员与海盗———沉落宝藏之战"动态驾乘项目。打造拥有完全自主知识产权的德化海丝乐园动漫、影视形象,打造创意基地等文化科技产业基地,以及大型演艺中心、旅游配套酒店等配套设施。在园区大量融入自身IP形象中的"海浪""宝箱""帆船""异国风情"等元素,园内工作人员穿戴古代船员、海丝沿线国家商人服饰,与客人进行现实交互活动,加强游客对于海丝乐园的沉浸式体验。利用"旅游+科技",采用VR-AR的技术手段,运用高科技将海丝故事用动漫、科幻的形式展现给游客,讲述海丝故事,重温海丝历史。延伸乐园产业链条,以乐园带动餐饮业、住宿业、商业购物、娱乐休闲以及间接相关的产业,从各个业务领域共同打造完整的"海丝乐园"文化科技产业链。

(2)"摩洛哥风情园"

摩洛哥被称为"北非花园",阿拉伯文化与新潮的西方文化并存,造就了风格迥异的摩洛哥风格,即随意搭配的风格。色彩鲜艳的建筑,装饰华丽的彩色陶瓷,金属工艺品,金属器皿上的精细雕刻、镶嵌工艺都是摩洛哥风格的典型特征。

摩洛哥风情的文艺特质与德化文艺瓷都的定位不谋而合,传统文化与现代艺术的融合传承在摩洛哥与德化的发展过程中展现得淋漓尽致。摩洛哥"白色"卡萨布兰卡、"蓝色"舍夫沙万与德化的海丝文化、白瓷文化交相辉映，摩洛哥的彩色陶瓷、金属工艺品与德化的"中国白"陶瓷、民俗工艺相融相交。摩洛哥风情与德化独特的地方文化具有一定共生性，定位"摩洛哥"风情，打造系列文旅特色小镇、主题公园、文旅特色村庄，有助于塑造出让人心向往之的村镇生活，创新德化文旅融合发展路径。

摩洛哥风情园内以摩洛哥小镇为主体，在小镇内重点打造蓝色之城主题公园以及格桑花紫海乐园，展现阿拉伯色彩与欧洲风格相统一的异域风情。

摩洛哥小镇

打造摩洛哥建筑风格的特色民宿、街道，以陶瓷或大理石碎块作为地面装饰，自然的花卉、原木板凳、丰富绿植等作为沿街布景；在墙绘主题塑造、建筑装饰等方面融入一千零一夜童话故事主题，将童话感融入地中海风格的田园风情和北非地方斑斓明媚的色彩；由摩洛哥格调餐饮、岩石餐厅、蓝墙花园、壁画小屋、生活创意设计、文化休憩空间等构成童话感的摩洛哥风情小镇。分布在小镇里的各处集市广场、铜器铺、马赛克壁画、彩色瓷瓶、魔法小屋、童话主题雕塑等景观装置营造阿拉伯色彩，让小镇里充满了童话风格的小小细节，演绎童话故事。

蓝色之城主题公园

以多重蓝色为主题，用不同层次的蓝色装饰主体建筑，打造集休闲娱乐、工艺展示、艺术摄影等功能为一体的文化休憩空间。引入批次文艺小店，包括瓷器铺、陶艺体验馆、艺术展览、"天空之城"餐饮店等。引入艺术与活动，游客可以在主题公园内与艺术家一同制作工艺品，购买独一无二的手工艺小物件。将主题公园的蓝色主题与德化天空蓝、海丝蓝相连接，塑造文艺浪漫的摩洛哥风情和德化瓷都风情。

格桑花紫海乐园

以雷峰潘祠的格桑花、百日花、雏菊为花海基地，结合 LED 灯光秀，打造格桑花紫海神秘仙境。以一年四季独具特色的梯田生态花卉景观及婚纱摄影为特色，重点建设格桑花海核心区和户外艺术摄影基地。打造集花海景观秀、瓜果采摘、音乐节表演、儿童乐园等众多娱乐项目为一体的综合性生态艺术乐园。

(3)"地中海风情园"

地中海风格以其极具亲和力的田园风情及柔和色调和大气的组合搭配为世界人民所喜爱。地中海地区物产丰饶、海岸线长、建筑风格多样化，其形成的风土人文使得地中海风情具有自由奔放、色彩多样明亮的特点，在建筑中多采用蓝、白色系。

地中海风情与德化的乡村旅游发展可展开一定的创新结合。明亮温暖、自由休闲的地中海风情契合德化生态休闲乡村游的定位。进行"我为路所用"到"路为我所用"的思维转变，在城关、东区、北区三区交汇之处，充分发挥公路优势。重点打造以格调高雅的法国餐厅为起点，由地中海爱丽丝庄园、薰衣草休闲农场、小王子主题文创区构成的普罗旺斯村，展现"地中海风情园"中的异国风采。

地中海风情普罗旺斯村

地中海风情普罗旺斯村庄在暖色调的独立建筑内，将各个拥有不同风格的商店有机结合在一起，引领潮流的生活用品及创意性商店、手工饰品商店、欧洲传统服饰租赁等个性小商店遍布村庄各个角落。将花园、有故事的壁画、夜间照明相融合，打造包含多样美食的欧洲风西饼店及咖啡厅、意大利式餐厅，感受地中海时尚和潮流，营造一个设有生活用品、体验设施等休闲空间的主题式村庄。以田园花草、绿植盆栽装饰沿街风景，在普罗旺斯村庄内设有温室、户外花园等休息空间以及薰衣草花海园、地中海田园民宿、艺术摄影基地等多元业态，吸引访客青睐。一年四季，根据时节准备多样的庆典，为访客提供多样化的文化公演及新式的体验活动，增强异国小镇的浪漫气息与文艺气质。

薰衣草休闲农场

以薰衣草花海为农场的主要观景点，建立婚纱艺术摄影基地。在农场开展蔬菜瓜果采摘、花卉系列产品（如舒缓香薰用品、薰衣草茶、薰衣草精油、花束装饰）展销集市活动。用大片的紫色花海搭配原木门牌、小桥流水等具有田园风情的休闲农场。在食宿方面打造地中海特色民居，选用当地食材，全天提供面包西点，让游客享受美味有机餐饮。农场可推出"花仙子巡游""千人涂鸦画花海""千人栽种万朵花""花海DIY""花海集市""花海向前冲（游客互动游戏）""格桑花随手拍有奖""百对新人婚纱摄影大赛"等系列活动。

以薰衣草花海的紫色与爱丽丝欧式童话小木屋形成梦幻般的仙境，统一建设地中海风格的蓝白系小屋、蓝紫色系小屋，打造一个缤纷绚丽的童话世界，深耕德化普罗旺斯村的"浪漫产业"。

爱丽丝庄园

以《爱丽丝梦游仙境》为蓝本，建筑采用了许多圆弧形结构，通过蓝白色彩的结合演绎浪漫温馨的场景，使用色彩亮丽的鲜花点缀，利用地中海建筑的简单线条与蓝白组合打造德化梦幻空间，建设婚庆摄影基地、婚庆商业街、文创中心、精品酒店等，促进浪漫文化与旅游产业一体化、规模化、产业化。建设飞狮许愿池，布置挂满许愿瓶的香樟、鲜花满布的秋千、天使墙等，形成以恋人的梦境、少年的奇境、少女的幻境、游人的秘境为主题的"德化浪漫四境度假区"。配套完善生态停车场、四季阳光棚、婚礼会馆、地中海式商业街、草坪婚礼、教堂婚礼，打造集郊游赏花、婚纱旅拍、休闲娱乐于一体的浪漫主题景区为一体的全新旅游目的地。

小王子主题文创区

《小王子》的故事感动的不仅是全世界的儿童，还唤醒了成人们的梦想和希望。建造全国唯一的小王子主题文创区，让人们重拾童心的同时，还可以感受到温暖和幸福。除了开设摆设琳琅满目的各式古董的路边跳蚤市场，还将在广场上上演玩偶剧——木偶戏。建设小王子走道，走道上有着小王子各种姿势的造型雕塑，供游客合影留念。打造八音盒之屋，摆设"陶瓷木偶"等展示品，开设牵线木偶展，打造木偶主题咖啡屋等。星星剧院里将放映小王子的动画片，或者与小王子相关的话剧、人偶剧等，以更加简单的角度使游客认识到小王子故事的深刻含义。小王子体验区设有石膏艺术、石画，游客可以亲手制作属于自己的珍藏版"小王子"吉祥物。区内还可建造大型千年猴面包树模型建筑，还原小王子故事中的情节，把爱情小钟锁锁在猴面包树上，祈愿永恒的爱情。体验区内还可增设小王子童话服饰体验屋，有亲子装、情侣装等使游客感受不一样的童话风情。

3. "提升"工程：顺美陶瓷文化生活馆的文产升级

海丝陶瓷文化研学基地

顺美陶瓷文化生活馆自身厚植于德化历史悠久的陶瓷与海丝文化之上，因此建设"陶海文化"研学基地有其历史史实支撑。用自身丰富的陶瓷、海丝文化积淀与历史典故，根据不同学段和地区的学生的素质教育的需要，创设文化体验活动的情景，讲述陶瓷故事，传播德化声音，让陶瓷文物、海丝历史活起来，形成自身独有的研学品牌。打造陶海文化教育基地，开展学生夏令营、陶瓷海丝文化教育科学考察旅游、教学实习，使其成为青少年学生研学教育、陶瓷企业历史文化教育的主要阵地。同时可以通过VR技术手段增强情景体验创新，还原历史陶瓷打造工艺，寓教于游，使广大青少年和其他游客思想感情得到熏陶，精神生活得到充实，理想境界得到升华。推动亲子游、校园师生游，结合陶瓷、海丝文化教育，打造属于德化陶瓷文物、海丝历史的"研学打卡地"。

手工陶艺体验中心

陶瓷体验中心集体验、培训、休闲、展厅于一体，普及陶瓷文化、传承千年窑火文化，呈现当代新精神娱乐方式。游客可以在此学习手拉坯、陶偶彩绘等工艺，感受千年前手工艺人的工作方式。创建有趣的陶瓷乐园，简化陶瓷工序，抛开枯燥、复杂的陶瓷生产工艺，以最简单、直观的方式，让旅游者了解陶瓷知识，亲手制作陶瓷制品，玩转陶瓷，最终获得自己的陶瓷成品。开展手工艺评比等游戏，对制作成果进行评级，给予获奖游客奖励，以此吸引游客参与。邀请陶瓷老手工艺人常驻，用"工匠精神"讲述德化瓷器，将古老传统的陶艺制作的流程（制备原料、拉坯、晾坯、修坯、素烧、上釉和釉烧）公开透明地展示，使得游客近距离感受陶瓷艺术之美，实地参观传统陶瓷手工生产中的各道工序，领略传承千年的陶瓷文化。

动漫IP盲盒经济化产品

盲盒是一个不能直接看到里面东西的盒子。通常，盲盒里面装的是动漫、影视作品的周边，或者设计师单独设计出来的玩偶。盒子外观上没有标注，因此只有拆封后才会知道自己买到什么。可以依托于时下火热的盲盒经济，结合火热动漫IP，在进行设计、研究和制作的过程中，针对陶瓷材质的特性，从实际出发，打造多样化动漫IP形象，制造一批吸引年轻人的"德化瓷"特殊材质系列盲盒娃娃，吸引年轻人的购买需求。以"特殊材质""陶瓷工艺"为卖点，以"年度番剧"等动漫形象吸引热度，为逐渐转型的陶瓷业注入新活力，宣传德化瓷材质的口碑和品牌。高效整合地方产业、人力、资金、自然文化资源，进行瓷漫融合、产业集聚，进而推动旅游经济实现集聚效应，形成集影视传媒、游戏软件、娱乐设施、衍生产品等为一体的稳固产业链条。并打造属于自己的特色动漫 IP 形象，结合动漫文化与德化地区自身陶瓷、海丝、宗教文化，用"宜融则融、能融尽融"的总思路为文旅融合的过程找到新引擎，通过产业渗透，将自然风景、人文历史等旅游资源融入到动漫作品或动漫衍生品中，从而实现静态旅游的动态化、动漫化与虚拟化。加速探索德化县文旅融合的创新发展模式，推进当地旅游发展质量和综合效益的全面提升。

3D 陶瓷打印体验中心

3D 打印工艺是一项尚未普及的高端科技。顺美陶瓷文化馆自身具备 3D 陶瓷打印设备，依托于此可以为客人提供 3D 陶瓷打印体验服务，让客人感受到现代科技与古代工艺的碰撞交流，更加方便直观地了解现代科技下陶瓷产品的发展态势，并观察到打印陶瓷产品全方位的细节。开展高端瓷器打印定制服务，让客人自行发挥创意进行瓷器设计，打造独属于客人的创意瓷器，并依托于 3D 定制的便捷，创办陶瓷创意设计大赛，吸引设计界大师参与，打响顺美陶瓷生活艺术品牌。开发顺美 3D 陶艺 APP，拓宽网络陶瓷定制渠道，打破空间限制，简化设计流程，拉低陶艺设计门槛，客户可根据 APP 的 3D 设计模块，自行创作。开发 3D 陶瓷打印瓷板画工艺，解决传统瓷板画制作难度大、绘制时间长、定制价格高昂的劣势，制作一些旅游性瓷板画产品，如钥匙扣、小型画像、项链等，小巧精致又利于携带，满足游客的需要。在保留传统瓷板画特点的基础上，跳出传统观念的藩篱，融入当地与时代特色，不断创新自身产品，并且适当地通过产业化手段来寻求非物质文化遗产的发展空间。

4. "提质"工程：云龙谷景区的融合再造

云龙谷景区位于素有"闽中屋脊"之称的戴云山南麓，省道 206 线和厦沙高速九仙山出口旁，距离中国瓷都德化城关 15 千米，区位优越，交通便捷。云龙谷利用溪流、峡谷、森林等自然资源，按照 4A 级旅游景区标准规划打造，拥有佛岭古村落、金蛙送福、纳福公园、丛林穿越、研学扩展基地等景点，是集旅游观光、研学素拓、商务会议、休闲娱乐、科研科普等为一体的综合型旅游风景区。

有序开展文旅融合示范基地及创建 4A 级景区工作，提升云龙谷旅游资源保护与开发水平，加快推进云龙谷景区文旅融合示范基地实施进程，进一步增强云龙谷景区"一带四区"布局建设，推动云龙谷、云龙湖文旅融合业态及功能的整体提升，完善水库保护及休闲步道建设、云龙湖周边体育休闲赛事承办，加快景区外围文旅业态整合提升工程、青蛙 IP 酒店、开放夜游景区等文旅产品建设。

丛林穿越闯关区：云龙谷景区拥有福建省目前最长的丛林穿越区，全程达 300 米，高 6~8 米，设有桃花密踪—攀岩—丛林翘板桥—解密之路—蜘蛛网—丛林网兜等共 17 个小项目。依托集练习、挑战、惊险、刺激、穿越于一体的全方位配置，再利用云龙谷景区特有的自然环境，使游客可以全方位感受大自然。丛林穿越在设置各种项目的同时，应完善设施安全保护措施，分配相关人员在项目附近负责游客安全。同时也可分设儿童丛林项目，设置一些安全度较高、刺激程度低的丛林项目，使小朋友也可以充分接近大自然。

亲子互动场地：让沉浸式亲子互动碰撞旅游新市场。在云龙谷自身拥有的萌宠乐园、游乐场与激流勇进等亲子互动项目的基础上，调查当今儿童的兴趣点与关注点，重视亲子营销，创建父母与子女可共同体验互动的游乐项目。

生态旅游观光公园：云龙谷围绕金蛙为主题打造一系列原生态旅游观光景色，可塑造"金蛙送福，金蟾招财"的形象。在 4.8 米高的金蛙造型旁增加解说牌，详细描述金蛙的美好寓意，使"金蛙送福，金蟾招财"的形象深入人心；也可增设"摸金蟾招财气"等标语，使 4.8 米大金蛙造型成为每个云龙谷游客必打卡的网红地点。云龙谷的纳福公园所在位置福运极佳，可称之为"前朱雀，后玄武"之地。借助这一条件，将纳福公园广为宣传成为聚福之地，再与金蛙形象相结合，可以把纳福公园用作室外婚庆宴会场地。打造相关金蛙 IP 酒店、金蛙 IP 餐厅，提供一整套相关服务。

水库保护：强化监督检查，严格落实水利部《小型水库安全运行监督检查办法》，建立一整套务实高效管用的监管体系。加强管护队伍，定期组织管护人员业务知识培训，不断提高管护人员素质。建立小型水库管护奖惩制度，加强水库管护考核，开展评比达标，促进小型水库管理。

休闲步道建设：对云龙湖水库休闲步道外观进行改善性设计，改造为适合旅游功能的、具有高观赏价值的形式。对休闲步道的路灯、路面、标牌等生活或旅游相关的设施进行整体规划设计。

周边体育赛事：结合云龙湖水库的地域特点和周边建设，可举办皮划艇、徒步、登山、露营、竹筏、团队环湖赛跑、山地自行车比赛等体育赛事。云龙谷景区可提供周边四条成熟运动线路，保障体育项目安全进行。每个举行项目都配有专业的项目教练且教练员对各个项目、活动均有相当丰富的实践操作经验。可分季节来举办运动赛事，针对不同人群、不同年龄段来调节项目难度。

研学扩展基地：云龙谷研学扩展基地专注于企事业素质拓展和青少年行知教育的研究与训练，在结合军事理念与拓展技术的基础上，可增加陶瓷文化认知、陶瓷制作等体验项目，以发展青少年"德智体美劳"品质为目标，建立专属的服务体系、体验课程、教学方式，打造研学旅行独特品牌。

云龙谷水上缆车：以漂流的形式连接云龙谷景区与云龙湖景区，以一种新奇的方式到达云龙湖。云龙谷漂流河段起点为云龙谷景区大门口，终点为云龙湖，全程 3.8 千米，落差近 50 米，激流险滩 30 多处，漂流时间约 2 个小时左右。漂流河段两侧生态环境良好，风光秀丽，集瀑布、深潭、奇石、丛林、珍稀植物于一体，能让游客真正感受到自然的和谐，感受到云龙谷漂流带来的乐趣。

房车营地：云龙谷外围可增加建设房车营地，给外地自驾游的游客提供休憩场所。房车营地项目是近几年在国内外十分热门的旅游项目，其关键在于满足房车的部分补给。在规划房车营地所需的空间之外，完善给排水、供电等基础设施。云龙谷景区外围部分用地用于房车宿营地的管理、设施检修等。

特色民宿金蛙酒店：利用青蛙 IP 形象，云龙谷外围景区计划打造特色民宿金蛙酒店，酒店内将通过民俗、康养等体验形式，开展民俗体验、温泉疗养等活动。酒店内还可规划多种亲子和青少年休闲娱乐项目，利用青蛙形象，规划迷你青蛙馆、科普馆、青蛙主题乐园、青蛙卡通社区等游乐设施。

5. "提效"工程：石牛山片区的景质优化

德化石牛山国家森林公园，地处福建"闽中屋脊"戴云山脉的腹地，2001 年 9 月被福建省林业厅批准为省级森林公园；2003 年 12 月，被国家林业局批准为国家森林公园。它也是我国东南重要的生物多样性基因库。优越的自然条件，孕育和保存了丰富的野生动植物资源。石牛山历史悠久，人文史迹源远流长，是闽南道教名山和红色旅游圣地，拥有丰富的文化内涵和深厚的历史底蕴。

产业升级

以森林公园生态文化、宗教文化、红色文化和当地民俗为内涵，以奇石、道观、森林、瀑布等自然山水为主体景观，以"奇""古""幽""秀"为景观特色，是集旅游观光、度假疗养、探险猎奇、生物研究、科普教育和革命传统教育为一体的多功能国家森林公园。

5A 景区创建

德化石牛山旅游度假区在保持自身资源、区位优势的同时，于2017年9月10日起开启改造提升工程，大石牛山主峰、岱仙瀑布等核心景区关闭施工，举全县之力抓好石牛山核心景区建设，带动和激活全县旅游产业发展。按照规划，范围涵盖了岱仙瀑布、石牛山主峰、温泉项目、石龙溪漂流、岱仙溪漂流、索道项目、岱仙湖等。开发以政府为主导，力争通过3~4年的努力，将石牛山景区打造成国家5A级旅游景区；到2025年，打造成国家级旅游度假区。同时完善石牛山景区周边系列配套设施，充分发挥旅游产业的关联带动效应，以旅游活动和旅游吸引物为核心，积极拓展旅游产业链条，构建跨越各个产业部门的多层次旅游产业链，促进区域整体功能提升和转型。

打造"道教名山"

依托石牛山景区"岩寺怪石—老君坐骑""道教祖殿—石壶祖殿"等道教文化传说远播闽台及海外并拥有众多信徒的优势，对其传说故事进行深度挖掘，突出道教文化特色；并由此延伸旅游景点，开辟旅游线路，使得胜景增加文化深度、神秘感、历史感和现实存在的可信性，打造"道教名山"。

木瓜坑极限山谷

德化石牛山国家森林公园主峰海拔1 782米，是我国两处古火山放射状爆发口之一，是火山口保存较好的活标本。因其海拔优势，于极顶之上云蒸霞蔚，更是看日出的绝佳地方。且德化一带空气质量优异，远离市区光污染，是夜晚天文爱好者、摄影师们的观星圣地。景区周边有"闽中第一漂"——桃仙溪漂流，沿途约5千米，与九瀚、九潭、九湾十八曲、青山、绿树、碧草、水中小渚、琅琅清流交相辉映。石牛山国家旅游度假区漂流项目，规划占地1 038亩，总投资约5 000万元，建成以后漂流日接待力将增加到4 600人。

积极主动融入闽中生态旅游圈，加强线路对接与品牌宣传，不断提升石牛山旅游区的知名度，借助此优势可以打造野游营地，吸引户外爱好者、徒步爱好者进行露营野炊、户外探险等旅游活动；建设景观天台，便于天文爱好者、摄影师欣赏石牛山日夜之美，借助小众圈的好口碑，侧面推进石牛山的品牌宣传；同时对于普通旅游爱好者，开发闽中第一游的漂流项目，充分利用石牛山自身落差，建设老少咸宜、受众面广、市场庞大的漂流娱乐项目，能为景区带来可观利润。

印象石牛山水上实景演出

水上实景演出得益于艺术家们对数码技术、工程技术、影像技术等高新技术手段的使用，以自然山水为依托，以当地传统文化为主要演出内容，以游客为主要观众的室外或半室外演出模式。石牛山可利用景观与科技的融合，极大地提升山水实景演出的表现力与感染力。因地制宜，大胆创新，依托当地红色历史文化底蕴，在原有的基础上对相关旅游元素、文化元素和艺术元素进行再加工和创作。

实景演出模式受季节制约影响小，不仅淡化旅游的淡旺季色彩，还可以根据晴、雨、烟、雾不同自然气候和春、夏、秋、冬不同季节设计出灵活多样的不同版本的演出设计，丰富演出的内容和形式，可以给重复观看的游客带来新鲜的感受和体验。山水风景与舞台演出结合，坚守人文生态理念，可促进产品可持续发展，促成当地旅游资源的合理永续利用。同时也能有效传播德化当地红色文化、宗教文化，实现文化再创造，使山水与文化之魂在这一新兴艺术形式中焕发出勃勃生机。

水上实景演出这一新型文化产业模式不仅丰富了当地的旅游产品结构，由实景演出所形成的品牌影响力更是带动了当地旅游经济的新发展。以精品项目带动旅游产品的开发和相关产业链的延伸，拓展盈利空间。山水实景演艺文化精品是集资源唯一性、艺术民族性、产业增长性、效益综合性于一体的成功项目，其演出的独特新奇和成功的市场开发能够吸引旅游者的大量涌入；更是能通过开发与旅游演出内容相关的系列产品，如音像制品、大型画册、旅游纪念品等，创造新的盈利空间，在获取较高经济收益的同时，扩大旅游演艺产品的影响力度和范围。

石柱研学村

整合石牛山山水文化，开展红色文化爱国主义研学旅行示范基地和自然山水生态保护研学旅行示范基地的建设，依托美丽乡村的农业基础，开展以乡村休闲为载体的农业研学旅行。

1944年3月，中共福建省委机关从永泰青溪转移到德化水口坂里，领导全省人民进行抗日斗争。为纪念革命前辈的丰功伟绩，缅怀革命先烈，当地政府将坂里省委旧址辟为革命传统教育和爱国主义教育基地。德化石牛山本身即拥有"红色圣地——坂里省委旧址"这一红色景点。

依托该景点可建设免费开放的革命文物红色纪念馆，通过情景式、体验式、互动式的宣讲教育，不断厚植红色文化土壤，让红色革命文物活起来，走进人民生活。在坂里的革命文物红色纪念馆打造爱国主义教育基地，开展学生夏令营、革命传统教育科学考察旅游、教学实习，使其成为青少年学生研学教育、机关团体和厂矿企业红色修养教育、革命传统教育的主要阵地。同时通过VR技术手段增强情景体验创新，还原历史战场遗迹，寓教于游，使广大青少年和党员干部思想感情得到熏陶，精神生活得到充实，理想境界得到升华。推动祖孙游、亲子游，结合红色文化与感恩教育，打造属于石牛山革命文物的"研学打卡地"。

塔兜野奢温泉度假区

以野奢树屋、私汤温泉、养生温泉为核心度假产品，计划打造一个集森林温泉、火山温泉和溪谷温泉为一体的野奢温泉养生度假项目。以美丽乡村游为主题打造集旅游度假、商务会议、宴会餐饮、健身娱乐、养生水疗、芳香理疗、亲子娱乐等功能于一体的温泉酒店，周边配套文创农业生态园和培训教育基地。

6."提能"工程：曾坂村的文旅赋新

曾坂村位于德化县上涌镇的东北部，地处莲花峰山东麓、涌溪峡谷地带，海拔665米，全村土地面积10.12平方千米，有曾坂、党洋、山茶3个自然村。现存"十八巷"古建筑群、古官道、古廊桥、古窑址、古水利设施、古堡、古寨、祠堂、庙宇、书院、地下交通站，以及名木古树等一大批历史遗迹。依托当地文化旅游资源禀赋优势，打造德化"归园居田园文旅综合体"。

田园栖居：结合"闽宿"区域品牌，与厦门街巷旅游有限公司形成合力，探索"古村落+新民宿"双轮驱动发展模式，完善民宿提质增效、品牌发展和制度建设。突出文旅创意引领作用，要充分运用文旅融合的思路构建旅游美学，把田园栖居与乡村振兴、文化旅游等有机融合，满足游客在现代休闲度假和传统文化体验上的双重需求。开展"农户+企业+村集体"的新型民宿合作模式，对文化特色、民宿赋能、带动示范方面提出更高的要求。同时，鼓励旅游民宿参与到当地的非遗、民俗文化的保护和发展，强调旅游民宿的带动示范作用。推进曾坂村"瓷光山色两相宜"特色民宿品牌建设，打造"漫步山庄""绿野仙居""稻田书屋""坂里小宅"等系列传统文化与现代艺术相辉映的特色田园栖居民宿。

诗礼传家：曾坂村文臣武将迭出，博雅儒士相承。依托深厚历史文化资源，弘扬曾氏文化世家"勤耕、精读、行孝、友爱，书香继世，诗礼传家"的优秀家风文化，不断强化家规、家训、家风传统文化向纵深推广，将进一步修建祠堂、纪念馆等教育基地，举办家风家训系列讲座，由乡贤为游客讲家谱、授国学、教礼仪。通过以培育好家训好家风为切入点，定期开展"家风家训星级文明户"评选活动，建设家风标语文化走廊、"群英谱"艺术长廊，形成家风家训体验式课堂、户外学堂，开展冬夏令营、家风主题游学等活动，打造"好家风好家训示范村"文化名片。

稻香人家：保留传统的农耕文化，春种油菜花、夏赏荷花、秋捉稻鱼等项目将乡野田间的体验与农业观光相结合，打造休闲田园综合体。创立"曾坂人家"农产品自有品牌，将农副产品变为体现乡土特色、绿色生态的旅游产品。通过智慧旅游平台，以OTA模式进行信息推广，逐渐打开市场知名度，促进线上线下资源整合，有效推动农村一三产业融合发展。

金色年华：以节庆交朋友，促旅游、促开发、促发展，在上涌镇民俗文化旅游节基础上，举办迎香祈福、地方特色庙会活动和乡村嘉年华。推出一系列包含传统节庆活动和民俗文化体验的旅游产品，包括民俗文化及文艺演出、丰收趣味竞赛、丰收成果展示、农耕文化体验、乡村美食节、乡村健步等活动，进一步开展以"赏秋色、拍秋景"为重点的系列生态旅游观光活动和乡土曲艺武术游行，传承传统乡村民俗文化。打造集乡村生态旅游、民俗文化体验为一体的宜居宜游新农村，展示省级历史文化名村的文化魅力，进一步打响"中国农民丰收节"品牌影响力，推动乡村振兴。

第四篇

世界瓷都（德化）文化和旅游融合国家级示范区规划（含图件）

第四篇 世界瓷都（德化）文化和旅游融合国家级示范区规划（含图件）

世界瓷都（德化）文化和旅游融合国家级示范区规划

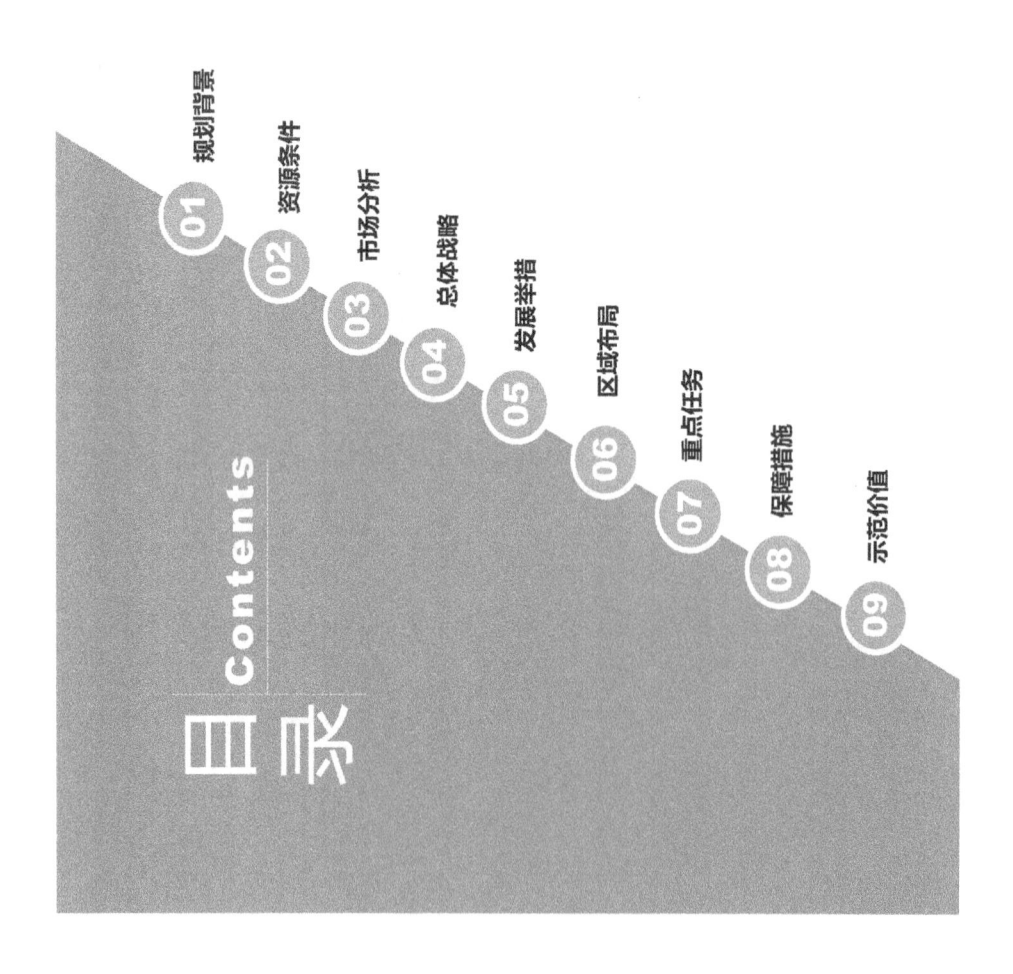

倍增与示范：世界瓷都国家级文旅融合示范区规划发展

目录 Contents

- 01 规划背景
- 02 资源条件
- 03 市场分析
- 04 总体战略
- 05 发展举措
- 06 区域布局
- 07 重点任务
- 08 保障措施
- 09 示范价值

第一章 规划背景

一、文旅融合国家战略

二、文旅改革新要求

契合

第一章 规划背景

一、文旅融合国家战略

文化与旅游融合成立及顶层设计。2018年3月，中华人民共和国文化和旅游部（下文简称"文旅部"）批准设立。文旅融合发展的国家战略。《文旅部 国家旅游局关于促进文化与旅游结合发展的指导意见》（2009年）与《国家发改委"十三五"时期文化旅游提升工程实施方案》（2017年）是专门部署文化和旅游融合发展的中央文件。

《福建省"十三五"旅游业发展专项规划》（2016年）提出深入挖掘福建省瓷文化、茶文化等特色文化，重点培育康养旅游、研学旅游、生态旅游、观光工厂等新业态产品；强调"重点突破文化旅游"来创新旅游产品业态，以升级旅游产品体系。

《福建省"十三五"文化改革发展专项规划》（2016年）提出通过发展文化旅游提高文化产业发展竞争力，"推进文化遗址对游客开放，建设一批文化旅游体验精品""加快文化创意和旅游业相关产业融合发展……深入实施文化旅游融合示范工程，推进一批以陶瓷文化等为重点的文化旅游重点项目"等规划内容都蕴含文旅融合的发展思想。

二、文旅改革新要求

福建省文化和旅游厅："要牢记总书记嘱托，按照福建省委、省政府部署要求，以文旅融合发展为主线，以改革创新为动力，充分发挥文化和旅游在助力脱贫攻坚、乡村振兴、'一带一路'中的重要作用，积极探索海峡两岸文旅融合发展新路，全面打响'全福游，有全福'品牌，唱响'清新福建'金字招牌，全面提升福建文化和旅游影响力，推动文化建设和旅游发展再上新台阶。"

第二章 资源条件

一、重要意义
二、发展条件

契合

一、重要意义

一是凸显德化文旅融合示范性发展新表率。德化文旅经济融合发展，是德化各剖面文化和旅游资源价值的更新发展和地方创生的生动案例地和试验田，以此创建具有省内乃至全国意义的示范区，打造文旅融合发展的"德化模式"。

二是推动德化全域旅游创新性发展新作为。实施以"文旅融合"为引领的"旅游+"和"+旅游"战略，大力促进德化海丝文艺休闲游。发挥文化、旅游、生态"三位一体"优势，打造宜居宜游新瓷都。

三是探索德化经济社会高质量发展新路径。以陶瓷文化和海丝文化旅游融合发展示范区的创建为引领，带动地区产业升级、社会和经济发展"转型升级、提质增效"的高质量创新发展。

四是促进德化海丝瓷都内涵式发展新动能。在"海丝文艺休闲新瓷都"旅游文化品牌定位下，厚植海丝瓷都文化底蕴，探索出集旅游休闲、乡村振兴、生态经济协调发展为一体的新模式，推动海丝瓷都更生动立体全面发展。

五是彰显德化对外交流美誉度发展新自信。结合现代技术展现德化瓷工艺品时尚现代的设计美感，挖掘现代性与艺术性互融相生的美学价值，坚定文化自信，向世界展现"中国白"之美。

一、重要意义

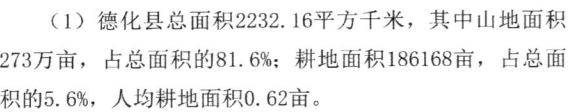

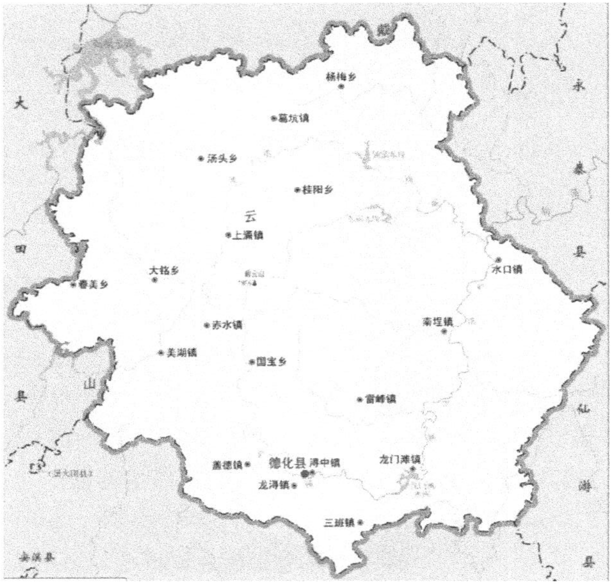

（1）德化县总面积2232.16平方千米，其中山地面积273万亩，占总面积的81.6%；耕地面积186168亩，占总面积的5.6%，人均耕地面积0.62亩。

（2）德化县是福建省泉州市下辖的一个县。德化位于福建省中部，泉州市西北部，东与永泰县、莆田市仙游县毗邻，南和永春县接壤，西连大田县，北眺尤溪县。县境东西长62.1千米，南北宽60.4千米。

（3）德化县是中国当代著名瓷器产地，1996年被国务院发展研究中心命名为"中国陶瓷之乡"，2003年被评为"中国民间（陶瓷）文化艺术之乡"，获"中国瓷都"之称。德化历史悠久，文蕴深厚，素有"世界陶瓷文化发祥地和三大古瓷都"和"千年古县"之称，是我国陶瓷文化、宗教文化、红色文化以及农耕文化于一体的德化传承了祖辈丰厚的物质精神财富，集陶瓷文化、海丝文化、宗教文化、红色文化以及农耕文化于一体的德化具有独特的文化魅力。

契合 二、发展条件

1.德化文化资源的丰富内涵值得挖掘

德化历史悠久,文蕴深厚,素有"世界陶瓷之都""千年古县"之称,是我国陶瓷文化发祥地和三大古瓷都之一。集陶瓷文化、海丝文化、宗教文化、红色文化以及农耕文化于一体的德化传承了祖辈丰厚的物质精神财富,具有独特的文化魅力。

一是陶瓷文化积淀深厚。

二是海丝文化历久弥新。

三是宗教文化资源丰富。

四是农耕文化一脉相承。

五是红色文化薪火相传。

契合

二、发展条件

1.德化文化资源的丰富内涵值得挖掘

世界瓷都德化位于海丝文化发源腹地，是"丝路瓷源"，文化丰富，底蕴深厚，尤其以陶瓷文化为盛。德化陶瓷文化的代表性资源点主要有：屈斗宫古窑址、祖龙宫古窑址及窑坊奉祀习俗、梅岭窑、窑尾林、内坂遗址、月记窑及洞上陶艺村、辽田尖山夏商原始瓷窑址、德化陶瓷博物馆、顺美海丝陶瓷历史博物馆、"中国白"艺术馆、红旗古瓷厂、泰峰瓷坊、如瓷生活馆、瓷都广场、瓷帮古道、陶瓷大道、陶瓷古街等。

以陶瓷文化、海丝文化为鲜明特色，着重凸显陶瓷、海丝，兼顾生态、红色，实现"空间-产业-环境-人居"和谐互济，打造和创建瓷都德化文旅融合示范区，促进德化"海丝陶瓷源、厦泉后花园、生态闲庭院、释道名山缘"高质量融合创新发展，助力德化"文旅融合呈现年"。

二、发展条件

2.德化旅游资源的特色优势亟需凸显

德化是中国八大陶瓷产区之一,但是只有德化能够荣膺"世界瓷都"的称号,并在1993年被李鹏总理题词"德化名瓷,瓷国明珠"。

从历史看,德化陶瓷被誉为"中国白",早在宋元时期,就成为"海上丝绸之路"上的重要出口商品之一,助推泉州港的兴盛。现今,作为国宴瓷和国礼瓷的德化白瓷再次亮相金砖会议,为世界展示"中国白"。

从时代看,如今欧美40多个国家知名博物馆都藏有德化瓷,它是用世界语言讲述中国故事的见证。

从发展看,德化作为海上丝绸之路主要起点和重要货源地,融入国家"一带一路"倡议,具有独特的优势和特殊的地位。

契合

二、发展条件

德化县文化旅游资源情况汇总表

资源	名称	类别	空间位置	备注
文化资源	屈斗宫古窑址	陶瓷文化	县城东南隅的宝美村破寨山西南坡上	国家级，国务院第三批全国重点文物保护单位
	祖龙宫与"窑坊奉祀习俗"	陶瓷文化	浔中镇宝美村卦寨山之东	国家、省、市级非物质文化遗产
	梅岭窑、尾林窑、内坂遗址	陶瓷文化	三班镇泗滨村上寨溪畔	被纳入"古泉州（刺桐）史迹"，作为申报2020年世界文化遗产点之一
	月记窑及洞上陶艺村	陶瓷文化	三班镇蔡径村	省级文物保护单位
	辽田尖山夏商原始窑址	陶瓷文化	三班镇三班村南部与永春交界的辽田尖山山坡处	全国目前发现的最早的原始瓷窑址，印证了德化是中国最早的青瓷烧制造和中国龙窑起源地
	德化陶瓷博物馆	陶瓷文化	浔中镇唐寨山森林公园内	国家二级博物馆，福建省第一家资料齐全的陶瓷专业馆
	"中国白"艺术馆	陶瓷文化	瓷都大道、凤翥路与龙浔路交叉口西50米	陶瓷研究所的"中国白"陶瓷艺术展示厅
	红旗瓷厂	陶瓷文化	宝山路26号原红旗厂	陶瓷文化创意园和陶瓷文化旅游观光点
	泰峰瓷坊及如瓷生活馆	陶瓷文化	龙浔镇宝美工业区	泰峰瓷坊完德峰化雕——一个以陶瓷雕塑艺术品观赏为主题的艺术馆，如瓷生活馆是闽南首次陶瓷文化旅游景点
	瓷帮古道	海丝文化	龙浔镇高阳村	是德化陶瓷外运的古驿道，连接东西方文明的桥梁纽带和海丝商贸繁荣的历史见证
	海丝文化广场	海丝文化	环城西路	集电子商务、休闲、娱乐、商务办公一站式的陶瓷文化商贸综合体
	瓷都广场	海丝文化	城关中心地段	举办海上丝绸之路国际艺术节
	顺美海丝陶瓷历史博物馆	海丝文化	城东顺美工业园	展示300余件由海上丝绸之路远销海外的德化白瓷藏品
	海丝陶瓷文化艺术馆	海丝文化	拟选址于龙浔镇	集陶瓷交流、展示和知识普及于一体的公益文化设施
	石牛山	宗教文化	水口镇高阳村	国家4A级旅游景区，山水文化与道教文化融为一体的道教文化胜地，有石牛传说等
	九仙山	宗教文化	赤水镇、上涌镇、大铭镇交界处	国家4A级旅游景区，是闽南地区保存完好的省级保护文物唐代弥勒石刻造像，有保护完好的宗教圣地

115

倍增与示范：世界瓷都国家级文旅融合示范区规划发展

二、发展条件

契合

续表

资源	名称	类别	空间位置	备注
文化资源	祖龙宫	宗教文化	龙浔镇宝美村	供奉"窑坊公"林炳，具有世界陶瓷史上独一无二的祭祀文化
	大铜宫	宗教文化	龙浔镇丁乾村	县级文物保护单位，德化县道教协会驻地
	戴云寺	宗教文化	戴云山南麓	德化县级文物保护单位，福建省历史最悠久的古寺之一
	龙湖寺	宗教文化	美湖乡上漈村	闽中四大古刹之一
	程田寺	宗教文化	城东雷峰下	闽中四大古刹之一
	香林寺	宗教文化	葛坑镇湖头村	闽中四大古刹之一
	观音山陶瓷文化创意园	宗教文化	国宝乡格头村	预计2023年完成瓷观音文化展示，佛教陶瓷文化创意园、宗教旅游度假村建设
	中共福建省委机关革命遗址	红色文化	水口镇昆坂村	国家2A级旅游景区，文化旅游经典景区
	中共福建省委旧址（坂里）	红色文化	水口镇东南的石牛山麓，与永泰、仙游交界的昆坂村	红色旅游经典景区，福建省爱国主义教育基地以及闽南唯一一处省委旧址
	戴云之战革命历史陈列馆	红色文化	国宝乡革命老区基点村南斗村	以"戴云纵队"作战遗址为基础，筹建"戴云之战革命历史陈列馆""戴云之战纪念碑"；陈列纪念馆定党员"忆初心"党性教育基地
	罗浪纪念馆	红色文化	雷峰镇潘祠村的潘祠村党群服务中心	馆内以史料和实物为主要陈列品，用文字、照片、绘画等方式生动地展示了第二次国内革命战争时期中共永德中心县委组织、工农红军闽南游击队第二支队、群众开展武装斗争和建立苏维埃政权等革命斗争的历史
	德化县革命历史纪念馆	红色文化	龙浔镇环城南路285号	罗浪是已故当代军乐事业的主要奠基人、开国大典军乐团总指挥；罗浪纪念馆有罗浪详细介绍及他生前建立的珍贵照片、文物资料
	李溪耕牛节	农耕文化	国宝乡雷峰镇李溪村	每年农历四月初八，是李溪村"耕牛节""节日将农耕文化与民俗文化相融合
	龙虎旗传"迎斋"送"唯长"（又称"迎长"）	农耕文化	德化县上涌镇	德化县非物质文化遗产保护名录，是拥有传统民俗活动，旨在庆贺丰收，并以此激励当地村民培养人才、重视人才
	"中国农民丰收节"暨上涌镇曾坂民俗文化旅游节	农耕文化	上涌镇曾坂村	曾坂村是中国传统古村落，上涌镇是省级历史文化名镇，将乡村旅游和传播特色民俗古镇相结合

116

契 合

二、发展条件

续表

资源	名称	类别	空间位置	备注
文化资源	民俗文化旅游节	民俗文化	盖德镇有济村	民俗文化及文艺表演、三通散表演、舞狮；有省级示范农场——丹桂基地观光
	德化瓷烧制技艺	非遗文化		国家级非物质文化遗产代表性项目
旅游资源	九仙山景区	地文景观	赤水、上涌、大铭三乡镇交界处	国家4A级景区
	石牛山主峰景区	地文景观	水口镇境内	国家4A级景区
	藏云山	地文景观	赤水镇	省级自然保护区
	李溪村梯田	地文景观	雷峰镇	
	云龙谷景区	综合人文旅游地	国宝乡	国家3A级景区
	桃仙溪景区桃花岛	水域景观	德化县南埕镇镇区	号称"闽中白水洋"，是全国最大的原生态亲水乐园
	岱仙溪瀑布景区	水域景观	德化县南埕镇	岱仙溪竹筏漂流有"闽中第一漂"之称，途径九漱、九潭、九弯十八曲，有石柱擎天、赤潭映月、金牛戏水、仙人品茗等景点
	石龙溪	水域景观	德化县南埕镇	号称"华东第一漂"——石龙溪皮划艇漂流
	大龙湖	水域景观	美湖镇美湖村	是福建境内罕有的、较险峻刺激的极速漂流。属丁目自然风光的峡谷漂流
	塔兜温泉	水域景观	石牛山国家森林公园南端，南埕镇塔兜村	温泉可溶性SiO$_2$含量较高，属偏硅酸温泉，水温高达83~88℃，堪称"天下第一汤"
	蕉溪温泉	水域景观	雷峰镇蕉溪村	雷峰镇温泉美食旅游节温泉久负盛名，蕴藏量十分丰富，水质优良
	岱仙湖国家级水利风景区	水域景观	水口和南埕两镇	国家级水利风景区
	丁荣银杏	生物景观	杨梅乡丁荣村	目前泉州市发现的唯一发现最大的古银杏文化小镇——处古银杏树样丁荣村入选"2018森林中国·名录
	美湖大樟树	生物景观	美湖镇小湖村	樟树王是目前世界上有记载的最大樟树，堪称"天下第一樟"，入选"中国最美古树"名录

倍增与示范：世界瓷都国家级文旅融合示范区规划发展

二、发展条件

契合

续表

资源	名称	类别	空间位置	备注
旅游资源	雾凇	天象气候景观	九仙山	
	龙浔江山美人庄园	生物景观	龙浔镇英山村中洋	集生态观光茶园玻璃栈道、樱花木栈道、美国紫薇观光区、茶园科普于一体
	顺美陶瓷文化生活馆	建筑与设施	浔中镇宝美村环城路	国家2A级景区
	曾坂村	建筑与设施	上涌镇下辖村	第四批中国传统村落
	佛岭村	建筑与设施	国宝乡	第三批中国传统村落
	云溪村	建筑与设施	杨梅乡北部	第五批中国传统村落
	高阳村	建筑与设施	龙浔镇下辖村	第五批中国传统村落
	桂阳村	建筑与设施	桂阳乡桂阳村	第五批中国传统村落
	中国白·得心酒店	建筑与设施	龙浔镇环城西路226号	拟打造以白瓷为主题的特色五星级酒店
	大兴堡	建筑与设施	三班镇三班村	"海上丝绸之路"遗迹之一，福建省第九批省级文物保护单位名单及保护范围
	永幸桥	建筑与设施	上涌镇曾坂村山茶角洛	建于清乾隆十二年（1747），福建省第九批省级文物保护单位名单及保护范围
	厚德堡	建筑与设施	水口镇祥光村	建于清中期，福建省第九批省级文物保护单位名单及保护范围
	程田寺古街	建筑与设施	宝美村东南阙	建于唐末初，历史名人众多
	"传承海丝文化 筑梦世界瓷都"第十七届瓷都广场文化节	人文活动	瓷都文化广场	集中展示并丰富拓展当地的非物质文化遗产项目

契 合　二、发展条件

3.德化文旅融合的基础条件发展较好

一是德化文旅融合基础条件好。旅游文化底蕴深厚，文化旅游价值高；文化底蕴深厚，影响范围广；观赏游憩价值高。

二是德化丰富陶瓷文化内涵，积极融入旅游合作圈。近年来，德化县依托深厚的陶瓷文化底蕴，大力挖掘并盘活富有特色的旅游资源，丰富陶瓷文化旅游的内涵；积极打响"瓷都锦绣，戴云悠悠""海丝瓷源，文艺瓷都新德化""文艺瓷都德化""瓷情瓷景，漫游德化"等旅游品牌，主动融入厦漳泉、闽粤赣和泛珠三角旅游合作圈，为德化文旅融合发展示范区的创建提供了良好发展契机。

三是德化立体化交通格局日渐完善，旅游交通可进入性大大提升，时空半径缩短。随着德化交通现状的全面改善，德化优越的地理区位优势将逐步显现。立体化交通格局极大缩短了时空半径，为推动瓷都文化旅游，打造德化文旅融合国家级示范区创建，创造了便捷的交通条件。

119

契 合

二、发展条件

3.德化文旅融合的基础条件发展较好

泉州地区及德化古窑口分布图

第三章 市场分析

一、文旅融合SWOT分析

二、文旅市场发展策略

契 合   一、文旅融合SWOT分析

Strengths（优势）：
- 文化底蕴深厚，旅游资源丰富
- 国家战略支持，提倡全面融合
- 丝路白瓷源地，区位优势显著

Weaknesses（劣势）：
- 文旅融合产品供给侧结构趋同
- 文旅融合深度广度程度显不够
- 文旅融合国际影响力有待提升
- 文旅融合专门复合型人才不足

Opportunities（机遇）：
- "全域生态理念"的落实
- "多级联动管理"的实施
- "重点招商项目"的开展
- "智慧旅游平台"的搭建

Threats（挑战）：
- 产业融合阻力大
- 周边县市竞争强
- 交通格局略单一

二、文旅市场发展策略

契合

文旅市场发展策略核心目标：世界瓷都（德化）"海丝文艺休闲新瓷都""海丝瓷源，文旅德化"文旅融合国家级示范区

围绕"文旅市场发展策略"的六个方面：
- 加强统筹管理
- 创新营销方式
- 促进产业协作
- 培育复合人才
- 完善交通格局
- 挖掘文化内涵

123

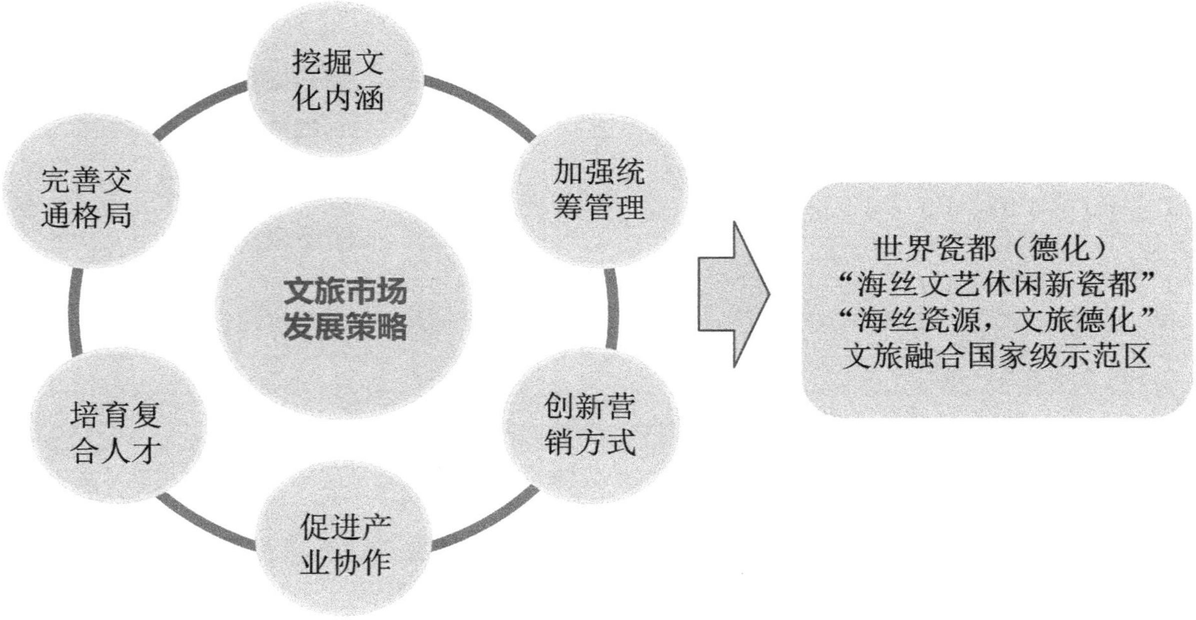

第四章 总体战略

一、指导思想
二、战略定位
三、规划目标
四、战略任务

整合

第四章 总体战略

一、指导思想

以习近平新时代中国特色社会主义思想为指导，以习近平对文化旅游和文旅融合发展系列重要讲话精神为引领，牢固树立和贯彻落实创新、协调、开放、绿色、共享的发展理念，践行"绿水青山就是金山银山"，以满足人民群众的精神文化需求为出发点和落脚点，以改革创新为动力，着力推进文化旅游深度融合，打响"世界瓷都·自在德化"品牌，做好"海丝瓷旅"文章，宣传和推广"玩转文艺新德化""与瓷相遇，从此文艺""发现德化之美"和"瓷情瓷become，漫游德化"等文旅宣传营销口号，努力将德化建设为文旅深度融合的独具特色的世界陶瓷文化旅游中心。

世界瓷都（德化）文化与旅游的融合发展，是福建省、全国乃至世界闻名、独居特色的瓷文化、礼文化、海丝文化、绿色生态、非物质文化遗产、文化创意产业、节庆民俗产业等各剖面文化和旅游资源价值的更新发展和地方创生的生动案例地和试验田，以此创建具有省内乃至全国意义的文旅融合示范区，打造文旅融合发展的"德化模式"。

二、战略定位

1.新时代推动文旅高质量发展的引领区

根据德化陶瓷文化在我国占有的独特地位，科学做好陶瓷文化与旅游融合设计，全面挖掘、保护和合理利用以海丝陶瓷文化为核心的特色文化资源，推动文旅融合高质量发展。

2.以文促旅以旅彰文的融合实验区

做强一批文旅融合发展的实验区，提升文旅设施和服务管理水平，加强文旅标准化建设，开展文化和旅游行业标准化示范试点。

3.探索文旅融合发展的机制创新区

深入探究文旅融合产业的发展特征与规律，通过体制机制创新行动，挖掘文旅融合发展潜力。

4.创新文旅产业融合模式的示范区

基于文旅产业融合深度、广度、创意开发、创新程度不足等发展瓶颈，德化县采取"深入挖掘、凸显德化的瓷都新貌"的融合模式，"添绿、留白"凸显文旅融合德化模式，进一步推动德化文旅"真融合""深融合""广融合"。

第四章 总体战略

三、规划目标

全面目系统地挖掘、保护和合理利用以海丝陶瓷文化为核心的特色文化资源，促进产业结构不断优化，创建德化"海丝文艺休闲新瓷都""海丝瓷源"文旅和旅游快速融合发展示范区，做好"海丝瓷旅"文章，打造文旅融合示范区的"德化模式"，文化和旅游融合国家级示范区，努力将德化建设为文旅深度融合的独具特色的世界陶瓷文化旅游中心。

围绕德化陶瓷文化旅游的核心主线，以"泉州：宋元中国的世界海洋商贸中心"申遗为契机，主动融入泉州文旅发展，面向"海西、海丝"，做好"海丝瓷旅"文章。大力推动屈斗宫、祖龙宫、梅岭窑、月记窑等德化窑址申遗点保护、传承利用，大力推动九仙山、云龙谷等景区提质增效，做好德化形象代言口号的宣传营销，以创建和打造"一赛三馆四区八厂十窑百大"六项工作为抓手，做好德化文旅融合标志性工程，先行示范重点推进项目的谋划实施，积极、主动推进德化文旅融合示范区创建的各项工作。

进一步做好文旅融合呈现年、推进年的各项工作，绘制蓝图，提升形象、扩大品牌，实现愿景。助推德化文旅产业事业的全域融合共济，促进德化全域经济社会高质量发展。

响应和践行福建生态文明先行示范区建设，塑就德化"生态先行、文旅创新"融合范式，为"生态+文旅"发展模式提供示范性样本。

整合

第四章 总体战略

融合理念与路径：

"一连二合，五伴六传，九承十依"

实现"一线相连"，串联德化文旅资源；

推动"双剑相合"，文化与旅游深度融合；

呈现"五彩相伴"，"红、白、蓝、绿、黄"相伴相生；

提炼"六脉相传"，文脉、史脉、地脉、旅脉、城脉、村脉活态传承；

重塑"九瓷相承"，瓷都、瓷器、瓷道、瓷礼、瓷艺、瓷传、瓷文、瓷游、瓷话重焕光彩；

铸就"十里相依"，山里、湖里、田里、溪里、园里、景里、村里、城里、街里、坊里全域发展。

第四章 总体战略

四、战略任务

创建期从2019年至2025年，分三个阶段实施。

1.前期启动阶段（2019年至2021年）

制定争创德化"海丝文艺休闲新瓷都"文化和旅游融合国家级示范区方案，向省文旅厅汇报对接，争取国家文旅部支持。

2.全面实施阶段（2022年至2023年）

推进提升市、县公共文化旅游服务设施建设，建设六个"海丝文艺休闲新瓷都""海丝瓷源"文旅德化"文化和旅游融合示范点，推动标志性工程、十项重点任务和先行示范推进项目等的落实工作，总结、全面推广文旅融合示范基地、示范点建设经验，搭建文旅资源展示推广统一平台。

3.总结验收阶段（2024年至2025年）

实现示范区创建工作科学化、规范化；区域内文化和自然遗产得到有效保护；公共文化旅游基础设施完备、功能齐全，文化旅游产业结构合理。

第五章 发展举措

一、先行先试,支持鼓励文旅融合国家级示范区创建

二、务实稳妥,切实深化文旅融合体制机制改革

三、持续深入,着力推进文旅融合重点任务实施

四、多措并举,扶持推动文旅融合标志工程落地

五、提质增效,建立健全文旅融合产业政策体系

六、补齐短板,完善提高文旅融合公共服务效能

整合

第五章 发展举措

一、先行先试,支持鼓励文旅融合国家级示范区创建

以文旅融合为基础,突出德化陶瓷文化旅游和山水生态游憩两大主题,深化跨界融合,推动文旅融合示范区创建。

充分发挥德化县陶瓷文化资源,引导文化旅游融合并朝着特色化、差异化发展,形成鲜明特色,推动陶瓷传统技艺、德化传统美食,表演艺术等项目在园区聚集转化,开发文旅综合体,培育文旅消费新热点。

加快更新步伐,在机制改革初期,在全国范围内形成机制创新的样板区。将"深入挖掘、创意开发"的融合模式,在全国范围内推广,成为具有借鉴意义的文旅融合产业模式的示范区。

二、务实稳妥,切实深化文旅融合体制机制改革

加强建设管理,扩大德化县旅游开放,创新机制,抓住乡村旅游兴起的时机,把无形与有形资源变资产,最大限度地利用和节约资源,推动德化县旅游经济更快更好地发展。

建立健全文化和旅游工作领导机制,各部门(单位)要分工负责、协同推进,形成党政统筹、齐抓共管的文旅工作格局。建立完善景区管理机构设置激励机制,将景区管理机构规格与全面发展指标挂钩,对发展成效突出、辐射带动力强的国有景区,按规定择优提高管理机构规格。

三、持续深入,着力推进文旅融合重点任务实施

以习近平新时代中国特色社会主义思想为指导,牢固树立创新、协调、绿色、开放、共享发展理念,着力打造"六提工程"、推进十项重点项目实施,打响"海丝文艺休闲新瓷都"、"海丝瓷源、文旅德化"旅游品牌。有效整合全县文旅优质资源,加强宣传推广,打造文化和旅游融合国家级示范区。

第五章 发展举措

四、多措并举，扶持推动文旅融合标志工程落地

深度挖掘海丝陶瓷文化，围绕"一核三区四轴"空间结构展开文旅融合标志工程的落地工作。通过资源深度融合、产业链延伸等方式引入多业态工程，秉承着将文化和旅游深度融合的理念，注入更多的文化内涵，打造文旅融合休闲综合体。

进一步挖掘文化旅游资源，打造研学旅行、观光工厂等旅游新业态产品，对即将开展的新项目、提供相关政策支持，鼓励扶持发展企业投资，推动新项目招商引资工作的进行，为工程落地奠定良好的基础。

五、提质增效，建立健全文旅融合产业政策体系

基于德化争创"海丝文艺休闲新瓷都""海丝瓷源·文旅德化"文化和旅游融合国家级示范区的发展大目标，将在一定时期内实施内容不同但理念相同、导向相近的政策集合体，构建成既注重宏观目标，又关注内部微观结构的"金字塔"型政策体系：

一是围绕促进文旅融合产业主体发展形成的产业发展引领主政策；二是围绕健全市场监管体系而形成的市场监管主政策，构成"金字塔"结构的第二层级；这两大主政策下，又包含了子诸多政策，其构成了文旅融合产业政策体系的第三级层级。

政策体系目标主政策、子政策一起，共同构成了我国文化产业政策体系"政策目标—主政策—子政策"的三层级结构，形成了一个正金字塔形的文旅融合政策体系。

六、补齐短板，完善提高文旅融合公共服务效能

通过不断完善政策和保利措施，持续加大财政投入，德化县文化和旅游产业融合服务体系建设已经取得了一定成效，但如今文旅融合产业的快速发展，也对公共服务提出了更高的要求。利用文旅融合产业公共服务设施整合转化服务设施网络建设，重点攻坚公共服务均等化，文化资源整合长效运行，投入保障、和发展队伍建设等短板，建立健全文旅融合公共服务效能和社会参与等机制，最大化地进升文旅融合公共服务效能。

第六章 区域布局

一、凸显"一核三区四轴"空间结构
二、形成"红绿田白蓝地"产业环链
三、塑就"两线三瓷多元"文艺走廊

融合

一、凸显"一核三区四轴"空间结构

一核：

城关文旅融合核

三区：

观光游憩文旅融合沉浸集聚区（东区）

休闲生态文旅融合体验集聚区（西区）

乡村田园生态文旅融合赋能集聚区（北区）

四轴：

城关—西区　　城关—东区

城关—北区　　东区—西区

融合

一、凸显"一核三区四轴"空间结构

一核：城关文旅融合之核（"海丝瓷都新德化"文旅融合示范核心富集区）

德化文旅融合示范核心富集区（城关）项目情况表

类别	项目名称	定位	基本特征
标志性工程	德化城关东一西瓷厂文创空间提创综合项目	大中型文旅融合型创意文化街区	重新规划"东瓷厂历史文化街区""陶瓷街西瓷厂文创休闲街区"重点标志工程项目为德化文旅融合示范区的重点文化区，功能富集区，文旅地标
	海丝国家主题文旅小镇提造综合项目	德化新文旅特色地标工程	打造海上丝绸之路博览会，包括：海丝文旅小镇、摩洛哥风情小镇、海丝陶瓷主题园
	顺美陶瓷文化生活馆文旅提升综合项目	文旅融合示范创建基地	德化陶瓷文物、海丝历史的"研学打卡地"；用"工匠精神"讲述德化陶瓷器；新兴产业助推文旅融合
重点项目	德化县陶瓷博物馆提升项目	德化"文旅融合新地标"	文化展示、历史研究、交流合作的世界窗口
	特色文化精品街区	城乡文旅融合示范新空间	集德化文化体验、时尚休闲、美食娱乐、产业培育等多功能于一体
	世界陶瓷文化遗产公园	文明旅游示范区、地质公园	具有"世界风范、古街风韵、时代风貌"
	世界陶瓷工业文化旅游区	具有文旅融合示范性的工业旅游典范	以"文创产业、艺术产业、文教科普"为元素，兼具时尚风情
	月记窑国际陶艺村	文旅融合示范创建基地	集传统龙窑生产场景、陶瓷艺术创作、展示、交流、耕民俗文化及家庭衣庄体验于一体的"世外陶源"
	石鼓村美食广场	城乡文旅融合示范新空间	农业特色产业集群，美食突出
	中国白·得心酒店	文旅融合示范创建基地	充满陶瓷文元素的多功能休闲驿站
	"中国白"博物馆	文旅融合示范创建基地	集观光、购物于一体的综合性文化体验场所

一、凸显"一核三区四轴"空间结构

续表

类别	项目名称	定位	基本特征
一般项目	瓷都大道	城市文旅融合基础设施	将文旅产业融入基础设施建设，形成文旅融合新地标
	海丝广场	海丝陶瓷文化综合体	多业态结合，全方位展现海丝陶瓷文化
	涂鸦村	城乡文旅融合示范新空间	集子空间特色，进行文旅融合氛围营造
	安成观光工厂	工业文化旅游区	陶瓷文化与工业旅游的文旅融合新产业
	蕉溪温泉	休闲文化旅游度假区	集休闲、康养于一体的综合性文化体验场所
	如瓷生活文化馆	文旅融合产业区	集研学体验、休闲观光为一体的文旅融合产业区
	浔中镇石鼓村八音	文旅融合示范创建基地	八音需要动用七种乐器，和泉州南音演唱使用的乐器几乎完全不同，分别是月琴、双笙、三品、土工、八鼓、拍板、广仔弦
	藤椅制作技艺	文旅融合传统技艺	藤椅轻巧大方、细密交纵的藤条古朴、头有预热室、窑头有预热室，清爽，与其他藤制家具在术经意间共同营造出回归自然的感觉
	龙窑建造技艺	文旅融合传统技艺	龙窑起源于商代，但被用于建窑烧制技艺当是末代。龙窑依山坡或土堆倾斜建造成"长隧道"形，窑头有预热室，这也是鉴窑加火力度最大的部分，常窑身的坡度引导火力上行
	杨梅乡云溪村慈济宫"过关"折福活动	文旅融合示范创建基地	"杏乡杨梅"，体验民俗文化风情，传承非物质文化遗产，感受传统村落古民老魅力
	大兴堡	文旅融合示范创建基地	德化"大兴堡"，俗称"三班土堡"，位于泉州德化县三班镇三班村下寮自然村，始建于1772年

135

融合

一、凸显"一核三区四轴"空间结构

观光游憩文旅融合沉浸集聚区（东区）

以岱仙山瀑布、桃花岛及桃仙溪景区、石龙溪橡皮艇漂流、塔兜温泉四点连线，为环石牛山景区观光游憩文旅融合沉浸集聚区。开展水上漂流、宗教朝拜、文化观光、养生休憩等文旅项目，进一步完善发展桃花岛及桃仙溪景区的特色民俗，将塔兜温泉作为重要的养生休憩地，打造东区环链发展。

观光游憩文旅融合沉浸集聚区（东区）项目情况表

类别	项目名称	定位	基本特征
标志性工程	石牛山景区文旅提质效综合项目	文旅融合示范性的国家风景名胜区	集旅游观光、度假疗养、探险猎奇、生物研究、科普教育和革命传统教育为一体的多功能国家森林公园
重点项目	桃仙溪景区	桃花源风情岛	以山林野趣、桃源隐逸为主题的华东桃花旅游第一岛
	南埕镇	南埕夜游风情区	构建以"灯、水、城"为主题的南埕夜旅游格局，大力发展以旅游休闲、文化休闲和商业休闲为特色的休闲夜旅游产业
一般项目	汤头春秋农场	城乡文旅融合新空间	农耕文化与休闲旅游的综合性产业

融 合

一、凸显"一核三区四轴"空间结构

休闲生态文旅融合体验集聚区（西区）

以云龙谷合为生态休闲文旅融合的示范样板点，打造生态青蛙IP主题休闲景区，丰富休闲生态、生态教育等内容，实现多业态共同发展。

充分利用国宝乡、潘祠镇、雷峰镇的生态休闲文旅资源，提炼李溪村、潘祠村红色文化和农耕文化内核，开发生态度假、温泉休闲、民俗节庆以及红色研学等旅游产品，实现休闲体验旅游和研学教育旅游的一体化发展。

休闲生态文旅融合体验集聚区（西区）项目情况表

类别	项目名称	定位	基本特征
标志性工程	云龙谷景区文旅提质综合项目	文旅融合示范性的国家风景名胜区	集旅游观光、研学素拓、商务会议、休闲娱乐、科研科普等为一体的综合性旅游度假区
重点项目	李溪、潘祠	城乡文旅融合示范新空间	集研学观光、休闲康养为一体的乡村旅游度假区
	佛岭村	城乡文旅融合示范新空间	国家级传统古村落
一般项目	九仙山古刹及附属文物	重点文物保护单位	文物蕴藏丰富的佛教文化遗址
	厚德堡	重点文化遗址保护单位	集文化保护和历史研究为一体的古代土楼遗址
	雷峰镇李溪村耕牛节	文旅融合示范创建基地	"耕牛节"承袭了当地传统农耕文化，将古早农家春耕习俗与祭祀仪式相结合，展现戴云山区原生态的农耕文明与文化传统

137

融 合

一、凸显"一核三区四轴"空间结构

乡村田园生态文旅融合赋能集聚区（北区）

依托戴云山、九仙山秀丽的山水自然风光，历史悠久的宗教文化与红色革命文化，优越的气候条件，打造集观光、朝圣、避暑、疗养、度假为一体的休闲生态文旅融合体验集聚区。

曾坂村是千年古村落，清代廊桥、百载老厝等名胜古迹遍布村庄。以"旅居一体"的理念，探索上涌镇"古村落+新民宿"双轮驱动发展模式，重点推进乡村民俗旅游、乡村休闲、田园养生度假等旅游产品开发，实现乡村生态文化与旅游的融合发展。

乡村田园生态文旅融合赋能集聚区（北区）项目情况表

类别	项目名称	定位	基本特征
标志性工程	曾坂村文旅提能综合项目	文旅融合示范创建、国际研学新民宿集聚基地	德化"归园居田园文旅综合体"、国家3A、4A级景区创建、海丝研学综合示范基地营地、国际文旅融合新民宿集聚地标
重点项目	九仙山景区	5A级风景名胜区	集观光朝圣、休闲度假为一体的佛教名山
	戴云山诗意休闲生态森林中心	国家风景名胜区	称为"诗意盎然生态休闲山"
	云溪耕读村	"云溪风情"耕读村	集客风义、非遗文化和民俗文化旅游为一体的文旅产业村落
	中共闽浙赣省委机关活动旧址	重点文化遗址保护单位	红色旅游经典景区、爱国主义研学旅行教育基地
一般项目	上涌镇龙虎旗传统民俗活动	传统民俗活动	龙虎旗阵叠加"三羊"（又称"犁长"），庆贺丰收，并以此激励当地村民培养人才、重视人才
	祭樟树王习俗	文旅融合示范创建基地	小湖村祭樟王活动已有300多年历史，发放樟树种子利树苗，也让樟树王的顽强精神传播得更远
	辽田尖窑址	文旅融合示范创建基地	辽田尖窑址位于德化县三班村，水春县介福乡紫村，为青铜时代的斜坡式龙窑
	永寨桥	文旅融合示范创建基地	永寨桥被福建省人民政府公布为第九批省级文物保护单位

融合 一、凸显"一核三区四轴"空间结构

四轴：

以城关—西区、城关—东区、城关—北区、东区—西区为四条主要文旅发展基轴线，围绕中心城关，形成东西之势，横纵交叠，扩展丰富空间样式和业态功能，划分文旅空间布局。

倍增与示范：世界瓷都国家级文旅融合示范区规划发展

融 合

二、形成"红绿田白蓝地"产业环链

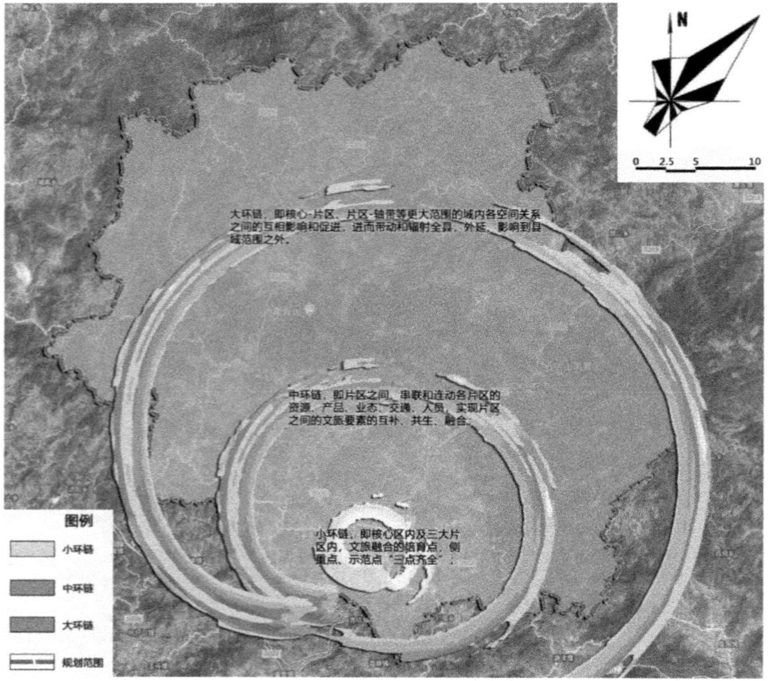

在全县域内，集中和调动各种文旅资源、要素、关系，在空间上凸显"红、绿、白、蓝"等产业业态，形成"产业-空间"的集聚效应和环链效应，促进全县全域文旅融合在深度、广度、向度上高质量发展。

空间维度上的文旅融合产业环链关系：

小环链：即核心区内及三大片区内，文旅融合的培育点、侧重点、示范点"三点齐全"；

中环链：即片区之间，串联和连动各片区的资源、产品、业态、交通、人员，实现片区之间的文旅要素的互补、共生、融合；

大环链：即核心片区、片区-轴-带等更大范围内的域内各空间关系之间的互相影响和促进，进而带动和辐射全县，外延影响到县域范围之外。

二、形成"红绿田白蓝地"产业环链

小环链：建设"中国白"陶瓷文化、海丝文化、红色记忆交相辉映的环城关文旅经济带；建设绿色康养、道教文化、红色基因和谐共生的东部文旅经济带；建设金色农耕文化、民俗文化、休闲文化紧密结合的西部文旅经济带；建设生态观光、乡村文化、佛教文化等紧密结合的北部文旅经济带。

中环链：依托日趋完善的高速铁路干线和高速公路网，充分发挥德化旅游业的拉动作用和融合能力，促进"旅游+"发展，推进旅游业与农业、康养、体育、贸易等领域全面融合，延伸产业链，扩大产业面，打造出有竞争优势的产业集群，构建"大旅游、大市场、大产业"格局。

大环链：整合沿线旅游资源着重突显陶瓷、海丝、生态和红色特色，提升白瓷文化带、蓝色海丝带和绿色生态带，构建红色革命带，形成全县"白、蓝、绿、红"四带互动。进一步发挥对全县文旅发展的辐射引领作用，构筑德化中部辐射厦漳泉、福州的旅游经济带，提高德化世界瓷都的海内外影响力，各文旅经济带交错连接、相承相续，形成德化文旅融合产业大环链，推动建成以"文艺走廊""瓷帮古道""遗产文源""丝路瓷源""工艺美术"等为主要形式、内容，载体的"海丝文艺走廊"这一外向型德化文旅融合发展新空间形态和机制。

融合

三、塑就"两线三瓷多元"文艺走廊

"海丝文艺走廊"是"海丝文化"内容、空间、机制上的创新,与"海上丝绸之路"一脉相承,是海丝路源文化的内涵承继和外延扩展,是德化文旅融合示范区创建的重要发展思路之一。

"两线三瓷多元"文艺走廊的内涵和外延包括:两线即北线、南线;三瓷即瓷道、瓷源、瓷礼;多元即串联融合连接福州、连接闽南地区多元的非遗文化。

融合

三、塑就"两线三瓷多元"文艺走廊

两线：

具体分为南北两线。依托瓷帮古道，南下至泉州通往海丝起点，串联闽南地方文化、特色民俗文化、非遗文化，例如安溪茶文化、永春香文化、惠安女装服饰文化、提线木偶、南音、漆线雕、燕尾脊古厝等；北线陆路由永泰县通达闽都福州，联动福州地区的非遗文旅项目、民俗戏曲文化和人文景区资源，例如福州三宝"脱胎漆器、油纸伞、角梳"的传统工艺技术、闽剧、"三坊七巷"名人故居等打造南北纵贯线文艺走廊。

多元：

多元，即串联融合连接福州，连接闽南地区的非遗文化、曲艺文化、传统手工艺文化等文化，打造内容形式多样的文艺文化走廊。依托南北两条线形成文化内涵多元、文化形式多样、源于德化县的文艺文化走廊。

融合

三、塑就"两线三瓷多元"文艺走廊

三瓷：

瓷帮古道："瓷帮古道"是古时候串联各个窑址、输出外销陶瓷、繁荣德化乃至大泉州的交通大动脉。根据近40年来的普查，迄今全县已发现唐宋元明清历代古瓷窑址238处，古陶瓷址6处，窑址遍布全县各乡（镇）。茫茫古道贯通德化与海丝港，重拾古道之旅，感受丰富的历史文化沉积，焕发文艺文化走廊的历史时代魅力。

丝路瓷源：着力打造德化瓷历史文化与海丝文化有机结合的"寻源问流"德化陶瓷文化游。南部瓷源位于德化县与永春县交接地带，主要路径为：三班镇—浔中镇—盖德镇；北部瓷源位于德化县与尤溪县交接部分，主要路径为：上涌村—下涌村—曾坂村—杨梅乡。

白瓷国礼：借助德化"瓷礼"聚焦国之文明、礼之传承、匠之精神、美之弘扬，大力弘扬中国大国形象与文化自信，实现国瓷设计与工艺创新的无缝对接，传递中国名片，为文明交流互鉴增添新的色彩。

第七章 重点任务

一、培育一批标志性引领性文旅融合枢纽工程
二、实施一批文旅融合规划发展的重点项目
三、构建一批文旅融合业态和特色产品体系
四、推出一系列文旅融合精准营销策略

一、培育一批标志性引领性文旅融合枢纽工程

德化文旅融合标志性工程（六提工程）项目情况表

类别	片区	项目名称	定位	基本特征
标志性工程	"海丝瓷都新德化"文旅融合示范核心富集区（城关）	德化城关东一西瓷厂文创空间提创综合项目	大中型文旅融合型创意文化街区	重新规划"东瓷厂历史文化街区""陶瓷街西瓷厂文创休闲街区"，重点标志工程项目为德化文旅融合示范区的重点文化区、功能富集区、文旅地标、融合示范区
	"海丝瓷都新德化"文旅融合示范核心富集区（城关）	顺美陶瓷文化生活馆文旅提升综合项目	文旅融合示范创建基地	德化陶瓷文物、海丝历史的"研学打卡地"；用"工匠精神"讲述德化瓷器、新兴产业助推文旅融合
	"海丝瓷都新德化"文旅融合示范核心富集区（城关）	海丝国家主题文旅小镇提造综合项目	德化新文旅特色地标工程	打造海上丝绸之路博览会，包括：海丝文旅小镇、摩洛哥风情小镇
	休闲生态文旅融合体验集聚区（西关）	云龙谷景区文旅提质综合项目	文旅融合示范性的国家级风景名胜区	集旅游观光、研学素拓、商务会议、休闲娱乐、一体的综合型旅游风景区
	观光游憩文旅融合沉浸集聚区（东区）	石牛山景区文旅提效综合项目	文旅融合示范性的国家级风景名胜区	集旅游观光、研学教育为一体的多功能国家森林公园、生物研究、探险猎奇、度假疗养、科普科学等为一体
	乡村田园生态文旅融合赋能聚集基地（北区）	曾坂村文旅提能综合项目	文旅融合示范创建、国际研学/新民宿聚客基地	德化"归园居田园文旅综合体"，国家3A、4A级景区创建，国际文旅融合新民宿营基地、国际文旅融合新民宿营集客地标

一、培育一批标志性引领性文旅融合枢纽工程

1. 陶瓷历史文化与旅游休闲融合的"提创"工程——德化城关"东-西瓷厂文旅融合示范街区"

新空间创生

规划东瓷厂历史文化街区：

以红旗古陶瓷厂、屈斗宫、祖龙宫等文化遗址为依托载体，在红旗瓷厂历史风貌区保护提升工程基础上，抓好做大做强"东瓷厂历史文化街区"重点标志工程项目，在原有文化旧址上，规整复建、修旧如旧，以中国陶瓷历史文化特色街区为定位和导向，打造以"考古遗址公园+陶瓷文创街区"为共生模式的文博文旅产业生态圈。

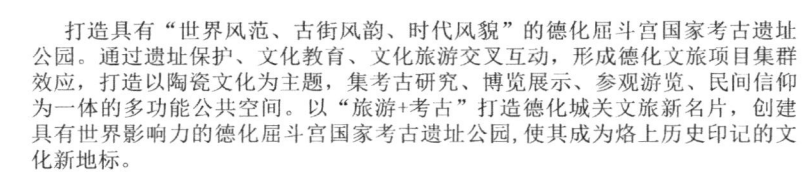

打造具有"世界风范、古街风韵、时代风貌"的德化屈斗宫国家考古遗址公园。通过遗址保护、文化教育、文化旅游交叉互动，形成德化文旅项目集群效应，打造以陶瓷文化为主题，集考古研究、博览展示、参观游览、民间信仰为一体的多功能公共空间。以"旅游+考古"打造德化城关文旅新名片，创建具有世界影响力的德化屈斗宫国家考古遗址公园，使其成为格上历史印记的文化新地标。

整合提升原德化第一瓷厂、第二瓷厂（红旗瓷厂），打造时尚风情的陶瓷文化创意集聚区、世界瓷都的工业旅游典范、国家5A级旅游景区。建设"工业+旅游+文创+商业"产业融合公共空间、产业创意设计中心。

以"文创产业、艺术产业、文教科普"为元素，拓展产业链上下游，构建"文化遗址公园"与"工业旅游"并行的东瓷厂历史文化街区，打造"景城同建、主客共享"的繁华新瓷都。突出文化性、代表性、传承性，打造成未来德化文旅融合示范区的重要文化地标。

倍增与示范：世界瓷都国家级文旅融合示范区规划发展

融　合

一、培育一批标志性引领性文旅融合枢纽工程

规划西瓷厂文创休闲街区：

以县城城关陶瓷街后的古瓷厂为依托载体，串联起陶瓷街，扶持做大做强"陶瓷街西瓷厂文创休闲街区"重点标志工程项目，在原有规划和现有基础设施和条件上，提质增能，扩展和丰富空间样式和业态功能，重新规划特色文化区、休闲观光区、多元购物区、美食娱乐区、室内游玩区等功能区，形成以文创街区为定位和核心功能的大中型文旅融合型创意文化街区。

以大型节事活动提升陶瓷街文创特色形象，设计出文创产品、主题演艺等优质产品，加强"原味德化"美食品牌建设，定期举办美食节、音乐节、啤酒节等大型活动，将浐溪两岸打造成多元化的文旅融合体验购物区、复合型餐饮文化空间。

积极进行宣传和营销，招商引资，策划陶瓷文化主题活动，打造海丝陶瓷文化名城城市形象。并且邀请知名艺术家加盟陶瓷艺术工作室，主动承接陶瓷博览会、全省旅游产业发展大会等大型活动，打造德化文旅融合示范区的重点文化区。

148

第四篇 世界瓷都（德化）文化和旅游融合国家级示范区规划（含图件）

一、培育一批标志性引领性文旅融合枢纽工程

2.陶瓷文化与旅游体验融合的"提升"工程——顺美陶瓷文化生活馆的文产升级

顺美陶瓷文化生活馆：

厚植于德化历史悠久的陶瓷与海丝文化，打造集工业旅游、陶瓷文化DIY、展览营销等为一体的综合性陶瓷产业区，成为游客了解德化陶瓷文化的一个重要窗口。进一步对顺美陶瓷文化生活馆进行文产升级，使其成为德化文游融合发展示范项目。

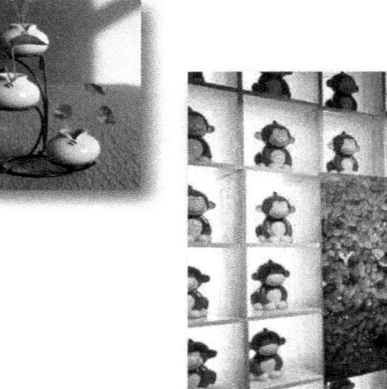

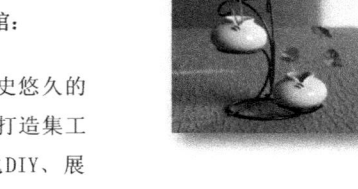

149

倍增与示范：世界瓷都国家级文旅融合示范区规划发展

融合

一、培育一批标志性引领性文旅融合枢纽工程

3.海丝文化与旅游融合的"提造"工程——打造海丝国家陶瓷主题文旅小镇

德化作为承载着海丝文化记忆的重要组成部分，应承担起海丝文化传承与传播的重任。"海丝风情"小镇的建造，不仅是历史记忆的重现，更是对文化的诠释。借助"海丝风情"文旅小镇，地中海风情园、海丝陶瓷主题园的建设，活化海丝文化，展现一个动态的海上丝绸之路博览会，使其重现生机。

| 地中海风情园 | 摩洛哥风情园 | 海丝陶瓷主题园 |

150

融 合　一、培育一批标志性引领性文旅融合枢纽工程

4.道教文化与旅游融合的"提效"工程——石牛山片区的景质优化

德化石牛山景区在保持自身资源、区位优势的同时，进行改造提升工程，争创国家5A级旅游景区，目标到2025年，打造成国家级旅游度假区。同时进行产业升级，将石牛山景区打造集旅游观光、度假康养、探险猎奇、生物研究、科普教育和革命传统教育为一体的多功能国家森林公园。

旅游观光　　　革命教育　　　度假康养

倍增与示范：世界瓷都国家级文旅融合示范区规划发展

融合 一、培育一批标志性引领性文旅融合枢纽工程

5.乡土文化与旅游融合的"提能"工程——曾坂村的文旅赋新

曾坂村依托当地文化旅游资源禀赋优势，推进国家3A、4A级景区创建，打造德化"归园居田园文旅综合体"——

打造国际文旅融合新民宿聚落地标：结合"闽宿"区域品牌，探索"古村落+新民宿"双轮驱动发展模式，完善民宿提质增效、品牌发展和制度建设；引领乡村旅游从单一民宿到业态多元，打造具有国际核心竞争力的中国高端乡村度假旅游项目的地，走出一条乡村旅游向产业化、品牌化、国际化发展的道路。

创建海丝研学综合示范基地/营地：依托曾坂村深厚的历史文化资源，弘扬曾氏文化世家优秀家风文化，将进一步修建祠堂、纪念馆等研学教育基地，举办家风家训系列讲座、建设家风标语文化走廊、"群英谱"艺术长廊，形成家风家训体验式课堂、户外学堂、结合海丝文化开展冬夏令营、家风主题游学等活动，打造海丝研学综合示范基地。

打造特色乡土文化旅游品牌：创立"曾坂人家"农产品自有品牌，通过智慧旅游平台，以OTA模式进行推广，逐渐打造体现乡土特色、绿色生态的旅游产品；举办迎香祈福、地方特色届会活动和乡村嘉年华；推出一系列包含传统节庆活动和民俗文化体验的旅游产品，包括民俗文化及文艺演出，丰收趣味竞赛、乡村美食节、农耕文化体验、传承传统乡村民俗文化；展示省级历史文化名村的文化魅力，推动乡村振兴。

一、培育一批标志性引领性文旅融合枢纽工程

6.综合型文旅融合示范基地的"提质"工程——云龙谷景区的融合再造

按照4A级旅游景区标准规划打造，综合提升佛岭古村落、金蛙送福、纳福公园、丛林穿越、研学拓展基地等景点，创建集旅游观光、研学拓展、商务会议、休闲娱乐、科研科普等为一体的综合型旅游风景区。

有序开展文旅融合示范基地及创建4A级景区工作，提升云龙谷旅游资源保护与开发水平，加快推进云龙谷景区文旅融合示范基地实施进程，进一步增强云龙谷景区"一带四区"布局建设，推动云龙谷、云龙湖文旅融合业态及功能的整体提升。

加快景区外围文旅业态整合提升工程

加快研学营地、青蛙IP酒店等文旅产品建设

二、实施一批文旅融合规划发展的重点项目

文旅融合规划发展部分重点项目情况表

类别	项目名称	定位	基本特征
重点项目	德化县陶瓷博物馆	德化"文旅融合新地标"	文化展示、历史研究、交流合作的世界窗口
	特色文化精品街区	城乡文旅融合示范新空间	集陶瓷文化体验、特色观光、时尚休闲、美食娱乐、产业培育等多功能于一体
	世界陶瓷文化遗产公园	文明旅游示范区、地质公园	具有"世界风范、古街风韵、时代风貌"
	世界陶瓷工业文化旅游区	具有文旅融合示范性的工业旅游典范	以"文创产业、艺术产业、文教科普"为元素,陶瓷艺术创作、展示、交流、体验活动和农具时尚风情
	月记窑国际陶艺村	文旅融合示范创建基地	集传统龙窑生产场景、陶瓷艺术创作、展示、交流、耕民俗文化及农家庭农庄体验于一体的"世外陶源"
	石鼓村美食广场	城乡文旅融合示范新空间	农业特色产业集群、美食突出
	中国白·得心酒店	文旅融合示范创建基地	充满陶瓷文化元素的多功能休闲驿站
	"中国白"艺术馆	文旅融合示范创建基地	集观光、购物于一体的综合性文化体验场所

154

融合 二、实施一批文旅融合规划发展的重点项目

1.培育若干个国家高级A级景区

着力再培育、创建和遴选若干个具有文旅融合示范性的国家高A级景区，如：德化屈斗宫国家考古遗址公园、世界陶瓷工业文化旅游区、九仙山5A级风景名胜区、石牛山5A级风景名胜区、戴云山诗意休闲生态森林中心、云龙谷景区文旅融合示范基地及4A级景区。

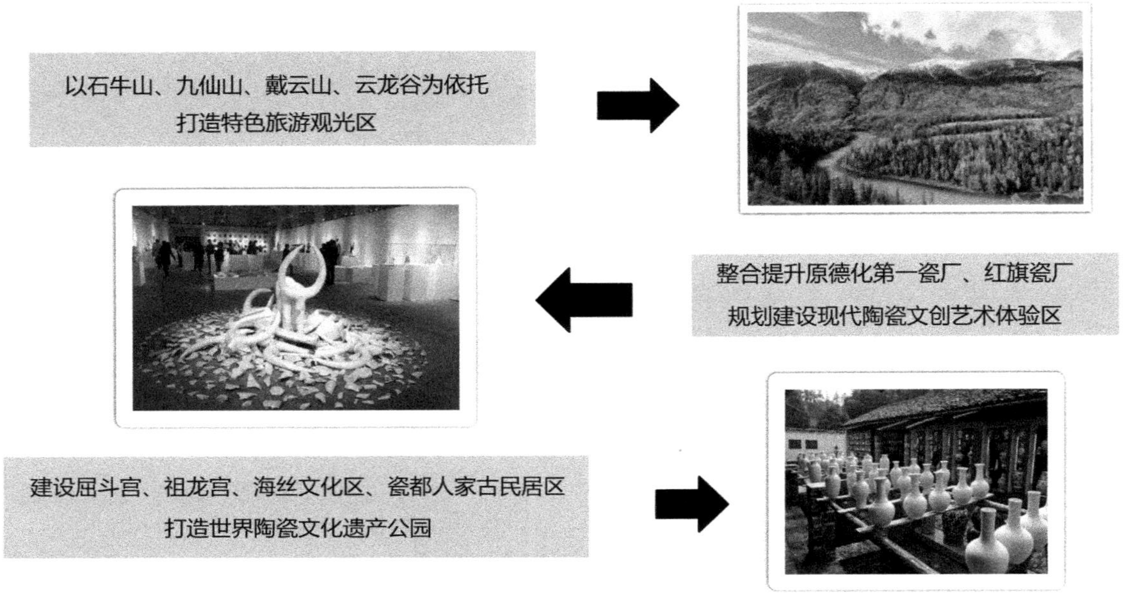

以石牛山、九仙山、戴云山、云龙谷为依托
打造特色旅游观光区

整合提升德化第一窑厂、红旗窑厂
规划建设现代陶瓷文创艺术体验区

建设屈斗宫、祖龙宫、海丝文化区、瓷都人家古民居区
打造世界陶瓷文化遗产公园

二、实施一批文旅融合规划发展的重点项目

2.打造若干个"文旅融合新地标"

文化地标与城市景观风貌塑造、文化旅游产业发展、城市品质提升和创新创意经济培育形成联动，共同提升城市社会经济和文化的活力，凸显德化个性与魅力、提升，打造若干个德化"文旅融合新地标"。

打造德化屈斗宫国家考古遗址公园，建设屈斗宫古窑址核心保护区、海丝传奇文化体验区，祖龙宫历史文化休闲街区，瓷都人家古民居生活社区，实现遗址保护利用与文化旅游、休闲观光的共同发展，形成德化多元化文旅融合发展新地标。

推动标志性工程、重点项目落地

瓷都大道、陶瓷博物馆、浐溪观光带、白瓷网红墙红旗瓷厂文创街区、海丝大厦、白瓷电视塔

积极引入和打造文旅融合精品

海丝文旅小镇、摩洛哥小镇、蓝色之城主题公园、格桑花紫海乐园、地中海风情普罗旺斯村、爱丽丝庄园、薰衣草休闲农场、小王子主题文创区

融合 二、实施一批文旅融合规划发展的重点项目

3.扶持若干个文旅融合示范基地

如：顺美陶瓷文创园、洞上陶艺村、陶瓷街、"中国白"艺术馆等。

坚持"宜融则融、能融尽融"原则，加大资金与政策的扶持，强化技术在产业中的支撑作用，拉高标杆，补齐短板，在现有的基础上进行创新改进，文产再升级，重点将文化欣赏、研学、体验融入到旅游过程中去，打造富有核心竞争力的文化吸引力。

利用若干个文旅融合示范基地的先发和带动作用，加强各景区之间的交流与合作，形成联动发展，推动文旅融合示范区建设中的具体项目的落地和跟进。

157

二、实施一批文旅融合示范新空间

4.再造若干个文旅融合示范新空间

对原有的文化遗产景区、特色城市区域进行空间上的延伸、拓展和再造,形成文旅融合的集聚空间,提质打造城乡文旅融合示范新空间,做足地方营造、地方创生的"文旅融合"文章。并将自身景观资源相对不足的旅游地空间增质提创,结合丰富的德化地区文化特色,进行文旅融合景观提升工程,再造旅游地空间的文旅融合景观化。

城关区建设"世界瓷都"陶瓷文化景观墙

曾坂村建设家风标语文化走廊、群英谱文化艺术长廊

规划建设一批陶瓷文化长廊、陶吧等文化展示工程

158

二、实施一批文旅融合规划发展的重点项目

5.着力构建"海丝文艺走廊"

依托德化地区海丝文艺资源禀赋与独特性,将德化区域海丝文艺资源进行有效组织,形成特定的文化艺术空间,开展出于德化止于闽南的"海丝文艺走廊""海丝文化陆路走廊"可行性方案的论证和后续工作,进行"海丝文化"内容、空间、机制上的创新。

加速建设交通基础设施,增强德化区域与临近市县交通通达度,加快高速公路、铁路(动车组)的规划与接入方案工作;内与各部门协作,外与永春、安溪、惠安、晋江、泉州市各区、永泰、福州市各区联动。

重点打造"两线三瓷多元"的"海丝文艺走廊",其中两线即北线、南线;三瓷即瓷道、瓷源、瓷礼;多元即串联融合连接福州,连接闽南地区多元的非遗文化。尽快形成以"瓷著古道""丝路瓷源""白瓷国礼""遗产文化""工艺美术"等为主要形式、内容、载体的"海丝文化文艺走廊"这一外向型德化文旅融合发展的新空间形态和机制。

倍增与示范：世界瓷都国家级文旅融合示范区规划发展

二、实施一批文旅融合规划发展的重点项目

6.实施文化遗产保护利用项目

深化文物保护利用改革，加强革命文物集中连片保护利用，着力再培育，创建和遴选若干个国家级、省级的文物保护单位。

如针对九仙山古刹及附属文物、中共闽浙赣省委机关活动旧址、大兴堡、辽田尖窑址、永革桥、厚德堡等重点开展工作；

积极推进海上丝绸之路、加快古窑口申遗步伐。开展红色遗址研学游、云溪村青石古堡古道游、重走瓷帮古道等游览活动。

深化非物质文化遗产保护、着力再培育，创建和遴选若干个国家级、省级非物质文化遗产（含民俗节庆类）。

如富峰镇李溪村耕牛节、上涌镇龙虎旗传统民俗活动、浔中镇石鼓村八音、祭樟树王习俗、龙窑建造技艺、杨梅乡云溪村慈济宫"过关"祈福活动。

挖掘传统村落的文物遗迹和非遗文化、加强非物质文化遗产生产性保护。

二、实施一批文旅融合规划发展的重点项目

7. 实施文旅精品线路推广项目

有效整合全线文旅优质资源，加强宣传推广，重点打造"国际生态休闲文化旅游线、世界海丝陶瓷主题旅游线、归园田居康养文化旅游线、美丽乡村特色文化旅游线、城关陶瓷特色街区旅游线"5条德化文旅精品线路。促进文旅精品线路营传推广，加强精准营销。

(1) 由海丝文化、特色博物馆、历史遗产、文创体验四个部分组成的世界海丝陶瓷主题旅游线；

(2) 由瓷都大道、西瓷厂文创休闲街区（含陶瓷街）、浔溪南岸休闲街区、东瓷厂陶瓷历史文化街区、石鼓美食村、南埕夜游风情区组成的城关陶瓷特色街区旅游线；

(3) 由国宝线和南埕—水口线组成的国际生态休闲文化旅游线；

(4) 由雷峰线、赤水—上涌线、浔中线、龙浔盖德线组成的归园居康养文化旅游线；

(5) 由农耕文化和红色文化两部分组成的美丽乡村特色文化旅游线。

161

二、实施一批文旅融合规划发展的重点项目

8.实施文艺精品创作展演项目

扶持陶瓷文创产业园建设，加大文艺创作生产扶持力度，实施山水实景演艺文化精品、重大主题美术创作工程，以陶瓷发展历史等为基础，创作影像志、话剧、歌舞剧、影视剧、综艺活动等，包括实景舞台剧展演、陶瓷文化纪录片等内容。

(1) 打造《印象南埕》——山水实景灯光展，推进夜间演艺。

(2) 创作德化博物馆《瓷海苍茫，文脉永续》陶瓷海丝文化历史影像志，搭建陶瓷文化多元传播展示平台。

(3) 融合白瓷文艺，在景区建设中积极开展海丝白瓷文艺演出活动。

(4) 于桃仙溪及桃花岛景区打造全新浸入式、全视野、全流域的河流剧场《桃花源记》。

(5) 建设海丝主题乐园及园区文旅小镇中的文化科技产业基地、大型演艺中心。

(6) 在云溪村、曾坂村等传统村落举办民俗文化旅游节，开展民俗演艺活动。

二、实施一批文旅融合规划发展的重点项目

9.推动做好"海丝瓷旅"六项抓手工作

围绕德化陶瓷文化旅游的核心主线,以"泉州:宋元中国的世界海洋商贸中心"申遗为契机,主动融入泉州文旅发展,面向"海西、海丝",做好"海丝瓷旅"文章。以"六项抓手"为提领和切入点,遴选优秀形式、内容、载体和单位,创建德化文旅融合示范基地、示范点,进行重点宣传和营销。

以创建和打造"一赛三馆四区八厂十窑百大"六项工作为抓手,作为德化文旅融合先行示范重点推进项目,积极、主动做好创建德化文旅融合示范区前期准备工作。围绕"六项抓手",创新文旅融合的形式和载体,举办系列活动,如"云游德化""德化探宝""线上文旅直播"和"打卡德化白瓷网红墙"等活动,线上与线下相结合,综合运用新媒体、融媒体等渠道,推进文旅融合各项工作。

"一赛",是指世界陶瓷文化旅游产品创意设计大赛;

"三馆",是指德化陶瓷馆等三馆的创建工作;

"四区",是指德化古窑区、创客区、观光工厂区、历史文化街区的示范园区创建工作;

"八厂",是指重点开发德化具有代表性的八个陶瓷工厂的保护、传承、商务、观光功能,推进创建文旅融合示范点、示范基地工作;

"十窑",是指对屈斗宫、祖龙宫、梅岭窑、月记窑等十个重点德化古窑口的提升、打造、营销;

"百大",是指评选德化白瓷陶瓷烧制和艺术文化传承大师,通过他们,积极推广和营销德化白瓷文化的国际知名度、美誉度、影响力,促进文旅融合工作的推进。

融合

二、实施一批文旅融合规划发展的重点项目

10. 塑就文旅融合"四大愿景"

着力构建、打造和塑就世界瓷都(德化)文旅融合示范区的四大愿景,即海丝陶瓷源、厦泉后花园、生态闲庭院、释道名山缘。推创国家级文化和旅游融合示范区各项工作,围绕愿景开展特色文旅小镇、名村、游线、基地、景区、园区等的融合,使文旅融合新德化可观、可游、可赏、可范。

(1) 依托德化世界瓷都,海丝瓷源的历史文化地位,着力营销宣传,打响海丝与陶瓷德化品牌知名度。

(2) 依靠独特的地理区位优势,沟通厦门、泉州区域联动,互相依托形成"厦泉后花园"。

(3) 整合丰富的生态旅游景区资源,形成集聚,逐步完善德化休闲生态观光体验游产业链,打造"生态闲庭院"旅游产品,丰富德化文旅融合经营业态。

(4) 依托九仙山、屈斗宫等宗教文化富集地,深度挖掘民间传说与历史故事中蕴含的文化内涵,构建释道主题名山,拓宽海内外知名度,逐步形成"释道名山缘"品牌。

三、构建一批文旅融合业态和特色产品体系

德化陶瓷文化、海丝文化底蕴深厚，除此之外，还有着丰富的宗教文化、农耕文化、红色文化。丰富的文化和旅游资源为德化带来良好的发展前景。但德化多数文化和旅游资源分布较为分散，因此，急需培育适合当地发展的文旅业态，将德化的文化资源和旅游资源加以整合，打造成为世界级陶瓷文化旅游目的地。为此，构建出一批文旅业态和特色产品，打造海丝陶瓷研学、红色文化、多元特色街区、文创体验、休闲康养等文旅业态。

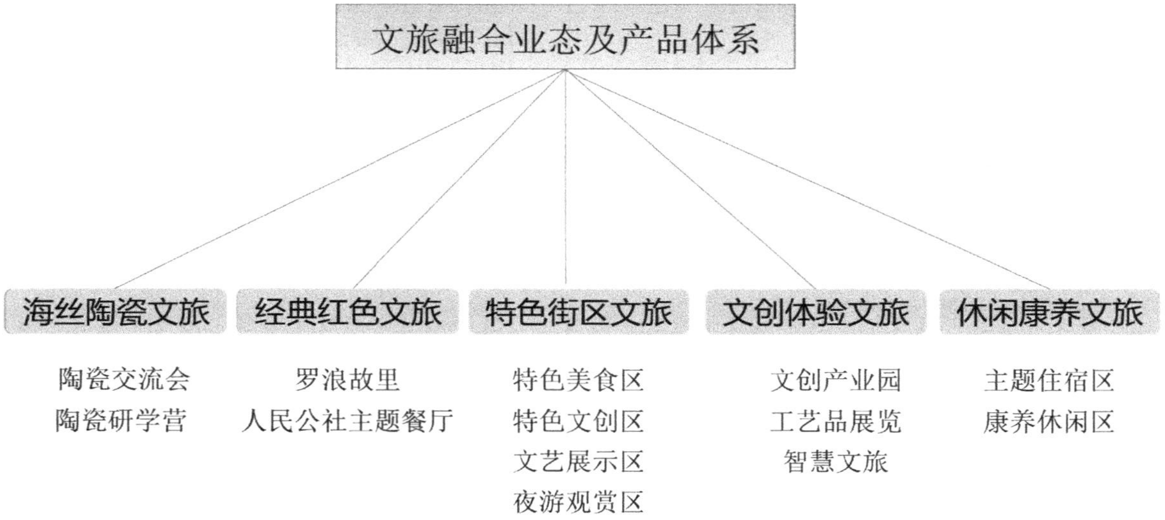

文旅融合业态及产品体系

- 海丝陶瓷文旅
  - 陶瓷交流会
  - 陶瓷研学营

- 经典红色文旅
  - 罗浪故里
  - 人民公社主题餐厅

- 特色街区文旅
  - 特色美食区
  - 特色文创区
  - 文艺展示区
  - 夜游观赏区

- 文创体验文旅
  - 文创产业园
  - 工艺品展览
  - 智慧文旅

- 休闲康养文旅
  - 主题住宿区
  - 康养休闲区

倍增与示范：世界瓷都国家级文旅融合示范区规划发展

融 合

三、构建一批文旅融合业态和特色产品体系

1.创建一批海丝陶瓷研学文旅业态及产品

（1）陶瓷交流会：

依托地：德化陶瓷博物馆、"中国白"艺术馆等。

业态产品：

①定期在世界范围内邀请陶瓷文化和海丝文化研究学者、陶瓷技艺大家、陶瓷收藏家等前来参加相关的陶瓷文化论坛、沙龙、颁奖大会等活动。

②举办陶瓷文化节、海丝文化节等。

③聘请专业的陶瓷大家开展讲座、文化论坛、展览、知识竞赛等。

（2）陶瓷研学营：

①以屈斗宫、祖龙宫为研学基地，进行历史研究，探索陶瓷非遗文化，搜集相关海丝文化、陶瓷文化的遗迹，丰富研学内容。

②积极推进海上丝绸之路、非物质文化遗产保护，加快陶瓷制作技艺、古窑口申遗步伐，推动非物质文化遗产转化为大众喜闻乐见的旅游产品。

③挖掘历史人物，培育一批历史文化名人旅游产品。

④引导全国重点文保单位进行保护性开发，适度发展文化体验旅游，推进博物馆创建A级景区工作。

三、构建一批文旅融合业态和特色产品体系

2.创建一批经典红色文旅业态及产品

推动潘祠村"罗浪故里"、李溪村"人民公社"主题餐厅等红色旅游区建设,联动周边地区协同发展,打造红色旅游精品。重点建设一批红色旅游项目,推出红色研学、红色休闲等一批体验型红色业态产品,创建一批红色旅游国家A级景区,落实一批红色研学旅行基地,形成以红色为主导的多彩旅游产品,大力发展"红色旅游+体育健身"和"红色旅游+户外拓展""红色旅游+文化教育"等新型业态产品,满足游客多元化需求。

三、构建一批文旅融合业态和特色产品体系

3.创建一批多元特色街区业态及产品

（1）特色美食区：利用石鼓村特殊的地理位置和便捷的交通条件，打造美食一条街特色餐饮区；充分挖掘当地美食，定期举办"德化石鼓美食节"。

（2）特色文创区：以市场为导向，以陶瓷文化为内涵，开发陶瓷文化旅游纪念品，如陶瓷挂件、陶瓷摆件等；游客，亲手运用各种工具和手段，动手操作参与茶艺体验、DIY陶瓷制作。

（3）文艺展示区：选择合适的典型路段、城市廊道、休闲广场、乡村门面等地，进行以陶瓷、文创、山水生态等为主要内容和呈现形态的墙面、街面、建筑外立面等多维空间的艺术木墙、涂鸦村、主题路面、工艺浮雕广场等的设计和方案论证工作。

（4）夜游观赏区：以陶瓷文化为支撑，打造商街夜市；聘请专业团队，以陶瓷发展历史等为基础，创作话剧、歌舞剧、影视剧、综艺活动等，包括实景舞台剧展演、陶瓷文化纪录片等内容，用于夜间演艺，利用灯光效果、夜间造景，打造多彩街区。

融合 三、构建一批文旅融合业态和特色产品体系

4.创建一批文创体验文旅业态及产品

（1）文创产业园：以顺美陶瓷文化生活馆为基地，吸引号召规模适中的文创企业入驻，组建一群具有丰富创造力的文创团队，研究开发旅游工艺品、特色日用品、纪念品等；定期举办文创产品研讨会，充分利用德化资源，实现陶瓷文化与旅游文化的融合发展，形成特色产业链。让游客近距离参观旅游工艺品制作过程，亲自学习体验陶瓷相关的各种活动，感受文化产品创造的旅游乐趣。

（2）工艺品展览：以红旗陶瓷厂、洞上陶艺村、月记窑为依托载体，结合德化陶瓷的发展历史以及海丝文化，将文化与陶瓷技艺结合。同时可规划打造特色工艺品展示区，普及文化的同时，在视觉效果上吸引游客。

（3）智慧文旅：以当地特色文化元素为核心，利用物联网、大数据、云计算等技术，开发景区一体化服务APP软件，电子门票、电子导游、电子地图、VR体验等，创新传播方式，使游客通过智慧平台及感知和利用各类旅游信息，实现旅游服务、旅游体验的智慧化。

倍增与示范：世界瓷都国家级文旅融合示范区规划发展

融　合

三、构建一批文旅融合业态和特色产品体系

5.创建一批休闲康养文旅业态及产品

（1）主题住宿区：聘请专业建筑设计团队，建设外观与海丝文化、陶瓷文化相符且内部装饰独特的酒店、民宿，满足不同消费层次游客的需求。对云龙谷则有针对性地打造青蛙IP主题酒店，使游客在旅游观赏、研学旅行的同时，也能得到良好的休闲娱乐体验。

（2）康养休闲区：利用塔兜温泉、蕉溪温泉的天然优势，打造"天下第一汤"，完善景区系列服务，打造成集旅游、康养、休闲、度假为一体的特色温泉度假区。以温泉康养为主，充分挖掘其系列产品，如度假、蜜月、亲子、疗养、休闲等综合性旅游产品，能够给予游客良好的休闲体验。

170

三、构建一批文旅融合业态和特色产品体系

6.创建一批特色文旅融合的游线

(1) 世界海丝陶瓷文化主题游线:

海丝文化线:海丝广场—"中国白"艺术馆—海丝文旅小镇

特色博物馆线:德化县陶瓷博物馆—国瓷苑—中国白艺术馆—泰峰瓷坊—如瓷文化生活馆

历史遗产线:德化屈斗宫国家考古遗址公园—屈斗宫—祖龙宫—梅岭窑—月记窑—洞上陶艺村—厚德堡—辽田尖窑址

文创体验线:东、西瓷厂文旅融合示范街区—顺美陶瓷文化生活馆—洞上陶艺村—安成观光工厂—中国茶具城—中国白得心酒店

(2) 城关陶瓷特色街区游线:

瓷都大道—西瓷厂文创休闲街区(含陶瓷街)—浐溪南岸休闲街区—东瓷厂陶瓷历史文化街区—石鼓村美食—南星夜游风情区

(3) 国际生态休闲文旅游线:

国宝线:国宝云龙谷—野外拓展基地—菁蛙生态园—尚花观赏园—春夏秋冬四季体验园—二十四节气农耕文化园—民俗文化馆—林中木栈道—特色古民居(民俗、剪纸艺术研学基地、特色酒吧、特色茶馆、农家美食)

南埕一水口线:绿泰油茶生态园(油茶种植加工、休闲观光)—大南埕观光农业园(生态园、休闲娱乐)—桃花岛—石柱美丽乡村—石牛山风景区—塔兜温泉

倍增与示范：世界瓷都国家级文旅融合示范区规划发展

三、构建一批文旅融合业态和特色产品体系

（4）归园田居康养文旅游线：

雷峰线：蕉溪温泉—蕉溪生态淮山园—鳗鱼养殖—潘祠村（樱花大道、罗浪故里、生态农园、稻田抓鱼、民宿民居）—百花园—李溪村（竹海慢道、农耕梯田、观景平台、高空清茶、特色美食）

赤水—上涌线：戴云山景区—九仙山景区—上涌镇杏仁古街—稻田养鱼、鱼稻共生项目

浔中线：浔中镇仙境红心猕猴桃种植基地—红星水库—祖厝村—西天寺观光揽胜—祖厝村梯田风光

龙浔—盖德线：龙浔镇英山龙腾木雕厂—有济美丽乡村（家风馆、特色民俗、百香果产业园）—江山美人茶庄园（生态茶园、书法艺木馆、茶园栈道）—英山淮山观光园

（5）美丽乡村特色文旅游线：

农耕文化线：李溪村耕牛节—上涌镇（龙虎旗传统民俗活动、中国农民丰收节）—杨梅乡云溪村慈济宫"过关"祈福活动

红色文化线：德化革命历史纪念馆—潘祠村"罗浪故里"—李溪村"人民公社"主题餐厅—水口镇中共闽浙赣省委机关活动旧址—戴云革命历史陈列纪念馆

四、推出一系列文旅融合精准营销策略

以德化创建国家文旅融合示范区和"泉州：宋元中国的世界海洋商贸中心"申遗为契机，主动融入泉州文旅发展，面向"海西、海丝",做好"海丝瓷旅"文章。运用品牌营销策略，进一步阐释陶瓷文化"弘扬工匠精神，彰显文化大国人文特色"的核心价值，以陶瓷文化为中心，打造"世界瓷都，德化千心""海丝文艺休闲瓷都""海丝瓷源，文旅瓷都""瓷情瓷景，漫游德化"等旅游主品牌。同时，为相关核心旅游产品打造旅游子品牌，与主品牌相呼应，形成更加完整的品牌营销策略。

邀请名人做德化文旅融合形象代言人、宣传官、营销大使等，综合运用新媒体、融媒体等渠道，创新采用和推广"直播""云游""公众号"等媒介营销形式，省内吸引泉州、福州等主要客源地，跨省辐射和带动海西城市群，省外扩展长三角、珠三角地区、海外面向东南亚、日韩、西亚、北非等海丝沿线国家和地区，在大数据分析、市场调研基础上，开展文旅产品路演和系列精准营销活动。

四、推出一系列文旅融合精准营销策略

1.文旅融合整体品牌营销策略

着力凝练、宣传、唱响德化文旅融合品牌营销口号,如"玩转文艺新德化""从瓷爱上文艺德化""与瓷相遇,从此文艺""文旅德化,瓷都新貌""海丝文艺休闲新瓷都""海丝瓷源,文旅德化""戴云悠悠""文化与德化""德化之旅,陶瓷之旅""发现德化之美""梦里海丝瓷源,画里瓷都德化""瓷情瓷景,漫游德化""德化,等你来发现""德化,欢迎来寻宝""来德化,共度美好时光"等。

加快"海丝瓷娃""国宝瓷娃""德化小生"等文化IP动漫人物设计及衍生文创系列产品研发,加快云龙谷青蛙IP主题酒店及民宿招商引资和创建方案论证工作。以品牌定位为基础,打造彰显特色的宣传片、主题曲,加大鼓励支持县旅游主管部门组织县内旅游企业参加各类旅游交易会、展览会、博览会、开展陶瓷文化交流会等一系列品牌活动,推动文化"走出去"。

2.文旅融合媒体品牌营销策略

构建多媒体全方位营销体系。在微博、微信、抖音、营马拉雅、Facebook、猫途鹰等国内外用户流量巨大的手机APP上,建立官方账号,做到内容保时保质保量,使德化海丝陶瓷文化出现在大众的视野里,为已经有出游打算的游客提供更多的有效信息,提高满意度;同时令潜在游客接触信息,利用文化的特色魅力,形成吸引力,提高知名度。充分利用OTA平台,建立良好的口碑,借助消费者的力量,打响德化文旅融合旅游品牌。

四、推出一系列文旅融合精准营销策略

3.文旅融合智慧品牌营销策略

通过大数据等"智慧"手段，对消费者进行精确的市场细分，对具有针对性的文旅产品。继续推广"一部手机游德化""文化回归"等活动。同时，开发如亲子"陶艺体验"、青年"陶艺鉴赏"、老年"文化回归"等具有针对性的文旅产品。继续推广"一部手机游德化"活动，开发一个集旅游线路规划、景点推荐、交通线路、景区导引等智慧功能为一体的系统，使德化蕴含的文化更具可接触性，旅游目的地更具可进入性，文化和旅游的融合品牌吸引力进一步提升。

4.文旅融合活动品牌营销策略

培育品牌活动、节庆演绎系列品牌项目，鼓励乡镇、村庄、旅游企业结合各自特色民俗文化举办各类旅游节庆活动及农事节庆活动。举办"世界陶瓷文化旅游节""国际艺术文化旅游博览会"。

鼓励企业和个人参与德化旅游商品、精品路线、伴手礼开发与推广，开发具有德化特色的旅游商品和旅游美食伴手礼，或体现德化传统文化和地域特色的改良新作、佳作，并推荐陈列摆放到景区、餐馆、农家乐等公共服务场所，参与节庆展会，丰富节庆活动形式。

大力宣传屈斗宫等德化备各申遗点的保护、传承和利用，举办陶瓷主题的国家级、世界级创意设计大赛，围绕德化陶瓷文化，以标志性工程开工、景区提升项目开放、旅游节庆活动、文旅融合先行示范点推进"六项抓手"、泉州港申遗、泉州港红墙"等契机，举办文旅系列活动，如"云游德化""德化探宝""线上文旅直播""打卡德化白瓷网红墙"等活动，创新活动的形式和载体，线上与线下相结合，综合运用新媒体、融媒体等渠道，全力凸显德化文旅融合优势资源和特色，做好文旅融合活动品牌策划工作。

第八章 保障措施

一、加强组织协调
二、加强政策配套
三、加强宣传推广
四、加强人才培育
五、加强规范管理

第八章 保障措施

一、加强组织协调

县文旅局牵头成立争创世界瓷都（德化）文化与旅游融合示范区工作领导小组。深入探究文旅融合产业的发展特征与规律，通过体制机制创新行动，挖掘文旅融合发展潜力。组建运作实体、创立文旅融合协调创新中心、文旅融合研究院、管委会等组织机构，立足德化文旅融合发展现状，展开组织建设工作，同时提高文旅集团的组织管理水平，创新德化文旅融合发展路径。

二、加强政策配套

根据国家和省支持文化产业、旅游产业发展的优惠政策，在用林用地、基础设施配套建设以及信贷、融资、税费等方面，加大对文化旅游项目的支持力度。各类相关文化专项资金和旅游扶贫专项资金，要将文化与旅游融合发展的相关项目纳入资助和扶持的范围。同时，鼓励和引导社会资本参与文化旅游方面的投融资。

三、加强宣传推广

依托省、市、县广播电视网络、报纸以及文化旅游公众号、APP等全媒体，发挥融媒体宣传圈的优势，有效整合平台资源，宣传推广示范区规划建设的有效经验及做法。同时，主动与国内外知名媒体合作，投放示范区建设宣传内容。

四、加强人才培育

县及以下各级文旅部门要抓紧编制本地区的文化旅游人才培训规划，并根据市场需求和文化旅游产业发展实际，定期组织文化旅游从业人员进行业务培训，着力提高导游、讲解员的文化素养，打造和培育高素质、专业化的文化旅游人才队伍。

五、加强规范管理

各地各部门在文化旅游市场开发中，要加强对本地区文化旅游资源的传承保护和合理利用，规范开发行为，维护资源的区域整体性，文化代表性，地域特殊性，避免对传统村落、历史文化名镇名村等过度开发，确保文化旅游市场健康、有序、稳定发展。

第九章 示范价值

一、文以载道,促进中华优秀文化与旅游的深度融合
二、以旅彰文,助推遗产保护和海丝"泉州港"申遗
三、互学互鉴,扩大"一带一路"沿线国家交流合作
四、示范效应,塑就"生态先行,文旅创新"融合范式
五、和合偕习,带动县域经济社会高质量发展新引擎

第九章 示范价值

一、文以载道，促进中华优秀文化与旅游的深度融合

文化是旅游的灵魂，旅游是文化的载体。"张骞通西域，鉴真渡东海"已成为古代行者的文化标高。在当代，德化文旅融合国家级示范区的构建能推进德化瓷文化、海丝文化与旅游的相融共生，注重"载道"与"致远"的和合，有效提升和深入挖掘传统村落、文物遗迹、非遗文化等文化产品的旅游体验和价值功能。

同时能促进德化深入挖掘中华优秀传统文化精髓，并根植文化于旅游品牌的传播中，用旅游的创意促进文化创新，用旅游的思维推动文化传播，打造文化旅游新IP，让德化陶瓷文化展现出永久魅力和时代风采，促进中华优秀文化与旅游的深度融合。

二、以旅彰文，助推遗产保护和海丝"泉州港"申遗

文物遗产是中华文明的重要历史见证和文化义务，是时代赋予我们的神圣义务。发展海丝瓷旅有利于贯通海丝文化、特色旅游的独特功能，为珍贵的文物遗产、文化创意产业的发展探索方法，塑就四方，全面提升德化文物保护和利用水平。以"文物故事新表达"为口号，让"非遗文物、德化故事"成为德化市经济社会发展保护的新名片，为非遗文物保护和传承，活化以及反发展提供示范样本。

通过文旅融合示范区创建，主动融入泉州文旅发展，面向"海丝""海西""海丝瓷旅"文章，以"泉州：未元中国的世界海洋商贸中心"申遗为契机，大力推动届斗宫等德化瓷各申遗点的保护、传承利用，以创建和打造"一赛三馆四区八厂签百大"工作为抓手，创新文旅融合的形式和载体，以旅彰文，凸显德化文旅特色，为申遗助力。以旅彰文，实现德化旅游发展和文化遗产保护与传承的和合共生。

第九章 示范价值

三、互学互鉴，扩大"一带一路"沿线国家交流合作

开放引领未来，丝路联通世界。"一带一路"倡议提出以来，世界多国的文化都在德化瓷上得到了形象生动的阐释，也让德化陶瓷发展有了新的想象空间和全新领域。德化瓷深植于中华优秀文化的陶瓷文化与海丝文化，作为"一带一路"沿线国家最具影响的文化品牌，构建了与"一带一路"沿线国家经济、人文交流的新模式。

开展以陶瓷文化旅游为核心主线的德化文旅融合示范区创建工作，能进一步宣传和推广陶瓷文化的国家名片，促进与沿线国家文化相互碰撞、相互吸引、相互启发、相互学习，推进东西方文明多领域、深层次的交流互鉴，共建海丝沿线文明互鉴之桥，全面推动"一带一路"国际合作再上新台阶。

四、示范效应，塑赋"生态先行、文旅创新"融合范式

"瓷都锦绣，戴云悠悠"的旅游形象定位，精准地描绘和总结了德化文化旅游融合发展"生态先行"的范式，紧扣当今世界文化旅游融合发展的主流。德化作为首批国家生态文明建设示范县，利用当地得天独厚的自然资源和优美的生态环境，以生态为魂，文化为本，旅游为体，重点打造8块"国"字号生态旅游品牌，可大力发展休闲度假型旅游产品，开发山岳休闲度假泉、温泉、森林康养、观光采摘等。

同时，融合白瓷文艺，在景区建设中积极开展海丝白瓷文艺演出活动，在乡村建设中举办特色民俗活动，展现农耕文化。响应福建生态文明先行示范区建设号召，塑就"生态先行、文旅创新"融合范式，为"生态+文旅"发展模式提供示范性样本。

第九章 示范价值

五、和合借习，带动县域经济社会高质量发展新引擎

以"产业-空间"互动发展为引领，规划和衍生生出一批具有德化地方特色的文化产品和服务业态，凸显陶瓷文化、海丝文化等核心文化品牌，做好德化"海丝瓷旅"文旅融合发展大文章。以"景村共建"的模式整合乡村旅游资源，促进乡村旅游开发建设，实现农业产业变农旅商品，农区变景区，农房变客房，全力推进美丽乡村建设。

以积极创建国家级文旅融合示范区为契机，推进实施各项重点任务，充分发挥旅游景区、景点和龙头企业的辐射带动作用，做好文旅融合呈现年，推进年的各项工作，绘制蓝图，实现愿景。通过文化旅游及德化文旅融合示范区规划创建工作，扩大品牌，提升形象，助推发展，实现德化全域融合共济，促进德化全域经济社会高质量发展。

181

第五篇

文旅融合规划的地方发展实例：云龙湖景区总体规划（含图件）

第五篇　文旅融合规划的地方发展实例：云龙湖景区总体规划（含图件）

倍增与示范：世界瓷都国家级文旅融合示范区规划发展

第五章 旅游市场分析与定位
一、旅游市场现状分析
二、旅游市场趋势分析
三、旅游客源市场的定位
四、客源市场预测

第六章 发展战略
一、总体定位
二、目标定位
三、形象定位
四、发展目标
五、发展原则
六、技术路线

第七章 空间布局
一、功能分区
二、空间格局
三、总平面图

第八章 分区项目规划
一、云龙水库观光科普区
二、奇幻云龙峡谷景区
三、激情云龙合景区

第九章 基础设施规划
一、道路设施规划
二、标识系统设计
三、环卫系统规划

第十章 旅游道路线规划
一、研学科普路线
二、休闲观光路线
三、娱乐游玩路线

第十一章 投资概算和分期建设
一、分期建设
二、投资估算
三、社会效益

第十二章 实施保障措施
一、顶层设计
二、政策保障
三、资金保障
四、人才保障

第一章 总则
一、规划性质
二、规划范围
三、规划期限
四、规划原则
五、规划依据
六、技术路线

第二章 基础分析
一、自然条件
二、社会经济条件
三、上位规划

第三章 旅游业发展分析
一、旅游业发展趋势
二、旅游业发展现状
三、旅游业发展SWOT分析

第四章 旅游资源分析与评价
一、旅游资源概况
二、旅游资源类型
三、旅游资源品质构成

C O N T E N T S

目 录

186

第一章 总则

一、规划性质
二、规划范围
三、规划期限
四、规划原则
五、规划依据
六、技术路线

第一章 总则

一、规划性质

本规划属于中华人民共和国国家标准《旅游规划通则》（GB/T 18971—2003）界定的旅游度假区总体规划。云龙湖是泉州地区的第三大水库，湖泊周边生态良好，文化资源丰富，作为泉州市区、晋江等地的重要水源地，需要严格执行生态、水质保护措施。同时，为了充分利用其生态游憩功能，制定《德化县云龙湖景区总体规划》加以引导，实现云龙湖风景区生态效益、经济效益、社会效益的最大化，助力乡村振兴。

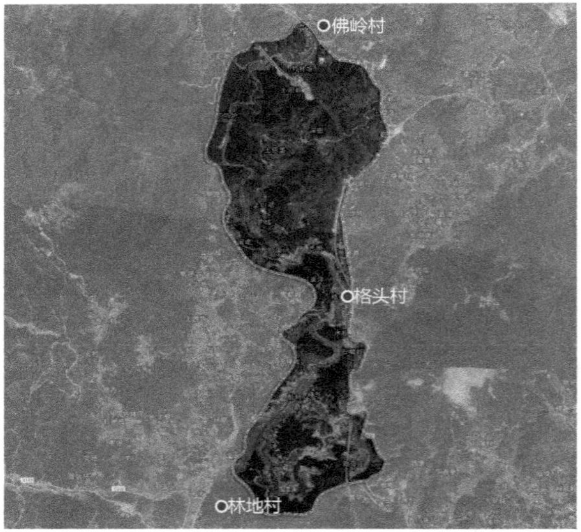

二、规划范围

以云龙湖库区为核心，包含国宝乡的格头村、佛岭村，盖德镇的林地村全域范围，三村地域面积分别为16平方千米、6.66平方千米，总面积约34.66平方千米。

三、规划期限

本次规划期限为2019—2035年，分为近期、中期和远期三个阶段，规划基准年为2019年。

近期：2019—2025年

中期：2026—2030年

远期：2031—2035年

云龙湖景区范围图

第一章 总则

四、规划原则

1. 先行先试，创新发展

深化旅游管理体制改革，建立云龙湖"政府+旅游企业+智库+农户"旅游开发的体制机制，创新旅游运营机制，推进旅游资源市场化配置，促进旅游经济转变发展方式，破解旅游业发展瓶颈，激发旅游产业发展的内生动力和竞争活力，成为全国乡村旅游发展的示范。

2. 区域协同，开放发展

围绕把云龙湖打造成为闽南乡村湖泊休闲度假目的地，争创国家乡村旅游重点村；树立开放发展意识，跳出云龙湖谋划发展，充分利用国宝乡、盖德镇乃至德化县旅游资源，整合全社会资源，逐步形成开放发展的大格局。云龙湖的旅游与周边地区错位发展，共同形成合力，融入大区域旅游网络，创新乡村旅游的发展模式，成为乡村旅游的重要节点。

3. 产业融合，协调发展

全力推动一二三产业融合发展，探索旅游+产业发展模式，"旅游+农业，旅游+工业，旅游+文化，旅游+教育，旅游+科技，旅游+体育，旅游+生态，旅游+康养"等建设，构建乡村"旅游+"大融合发展模式。在产业联动、产品构造、设施建设、服务完善等各方面促进部门协作，创新乡村旅游发展模式。

4. 保护优先，绿色发展

遵循国土生态安全，生态文明建设，历史文物保护，旅游资源可持续利用等原则，科学识别云龙湖生态、野生动植物、古建筑等旅游资源的保护价值，制定开发过程中的保护措施，促进云龙湖绿色旅游消费，坚持低碳生态旅游方式，协调自然生态承载能力与经济社会发展之间的关系，实现云龙湖产业发展的经济效益、社会效益和生态效益最大化。

5. 统筹共建，共享发展

发挥旅游局、乡镇党委、库区办的主导作用，围绕旅游发展要素，积极搭建旅游发展平台，引入旅游开发企业，充分激发各类企业、个体经营者及村民参与旅游业发展的热情，让群众由旁观者变为参与者、服务者、受益者，实现全民共建共享。

第一章 总则

五、规划依据

1. 《中华人民共和国城乡规划法》（2008）；
2. 《中华人民共和国旅游法》（2013）；
3. 《中华人民共和国森林法》（1998）；
4. 《中华人民共和国水土保持法》（1991）；
5. 《中华人民共和国环境保护法》（1989）；
6. 《中华人民共和国文物保护法》（2007）；
7. 《历史文化名城名镇名村保护规划编制要求（试行）》（2012）；
8. 《村镇规划标准》（GB 50188—2007）；
9. 《福建省村庄规划导则（试行）》（2011）；
10. 《德化县旅游总体策划和近期行动计划（2016—2030）》；
11. 《德化县旅游发展委员会办公室关于印发进一步推进全域旅游发展实施意见的通知》（2019）；
12. 《德化县人民政府办公室关于印发扶持打造特色精品民宿助推全域旅游发展的实施意见（试行）的通知》德政办〔2019〕38号；
13. 《德化县国宝乡土地利用规划（2018—2030）》；
14. 《德化县盖德乡土地利用规划（2018—2030）》；
15. 《德化县国宝乡旅游总体规划（2018—2022）》；
16. 《德化县云龙谷生态旅游总体规划（2010—2020）》；
17. 《德化县国宝乡佛岭传统村落保护发展规划（2017—2030）》；
18. 《德化县志》；
19. 《国宝乡志》；《盖德乡志》；
20. 其他有关法律法规、政策及技术规划，以及格头村、佛岭村、林地村各类历史文献和基础资料。

六、技术路线

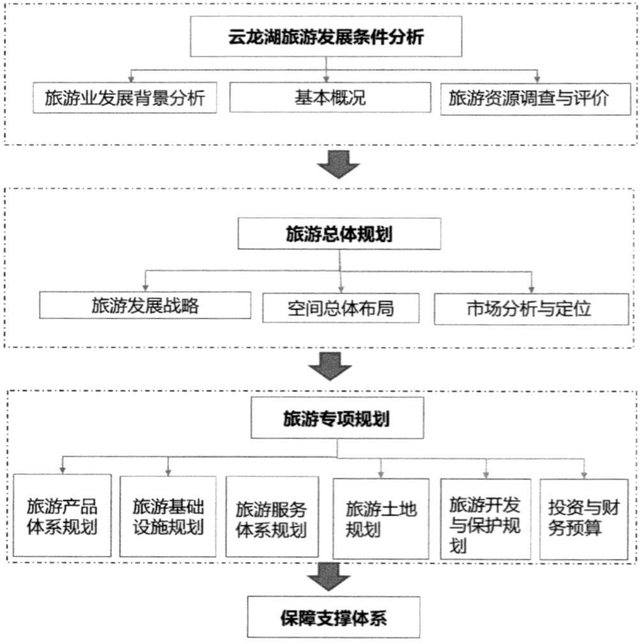

规划技术路线图

第二章 基础分析

一、自然条件
二、社会经济条件
三、上位规划

第二章　基础分析

一、自然条件

1. 区位分析

宏观区位上，云龙湖景区位于福建闽中地区的德化县，处于福建省的地理几何中心的空间区位，区位中心性优势明显。其到达地区内中心城市福州距离130千米以内，到发达地区中心城市福州距离110千米，厦门115千米，泉州95千米，到其他地区域中心城市距离为莆田85千米，漳州130km，三明100千米，龙岩130千米，南平120千米。

中观区位上，云龙湖位于德化县城关上游，距德化城区约10千米，厦沙高速南北纵贯云龙湖，并在景区南部设有高速出口，而且省道206线也贯穿景区周边，交通优势良好。景区内有国家3A级景区中国传统古村落浦岭村，距离九仙山国家4A级旅游景区10千米，位于德化两条主要旅游线路西线上，距离石牛山国家4A级旅游景区25千米，有利于旅游线路串联和游客的导入。

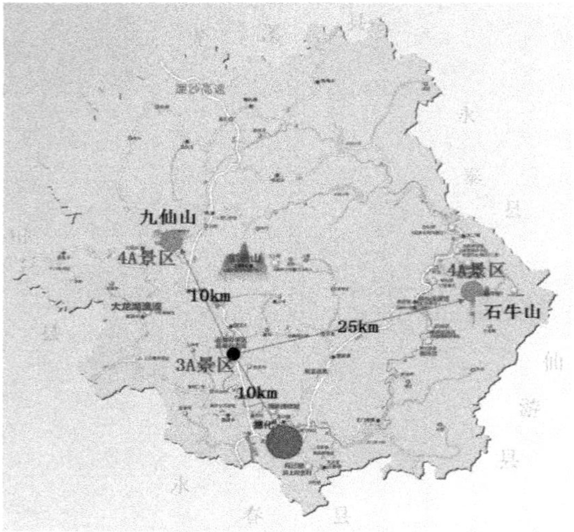

云龙湖景区图

第五篇　文旅融合规划的地方发展实例：云龙湖景区总体规划（含图件）

第二章　基础分析

2. 地质地貌

地形地貌：云龙湖景区内海拔处于500~1000米之间，地形以丘陵和山地为主，地势偏高，地形复杂，山脉多呈北东—南西走向，峡谷十分发育，具有鲜明的山地景色；云龙湖坝址河谷呈"V"字形，坡度较大，两岸山体较雄厚，地形基本对称，较完整，地质稳定，无不良物理地质现象，物理力学能良好，基础工程地质条件较好。

矿物：云龙湖景区地质构造为侏罗系下统梨山组，岩性为长石石英砂岩、砂岩、粉沙岩，主要矿产是高岭土，为陶瓷发展提供原材料基础。

土壤：土壤类型多样化；坡积物母质为红壤、红黄壤、黄红壤以及黄壤；土壤类型主要为三大类型，即水稻土、红壤、黄壤。

193

第二章 基础分析

3. 气候水文条件

云龙湖景区地处南亚热带海洋性风湿润气候，年平均气温15.6~19.5℃，最低气温2月11.3℃，最高气温8月22℃，冬无严寒，夏无酷暑，四季如春。全年无霜期270天，年平均降水量1850毫米，雨季为4—8月，6—8月盛行西南风，年平均日照168天，日照充足，雨量充沛，气候温和宜人。加上云龙湖库区调节气候作用，夏季云龙湖比周边沿海大城市温度低约4~5℃，气候相对凉爽，夏天是天然避暑胜地。

云龙湖位于浐溪上游，属晋江水系，由国宝溪和林地溪两个支流汇合进入库区，坝址位于林地溪与国宝溪汇合口处下游约2.5千米。溪流水流量随季节变化，雨季流量较大，旱季流量较小。云龙湖上游的国宝溪地区的重要水源地。德化森林覆盖率高达78%，生态环境保护良好，水流清澈，含沙量少。

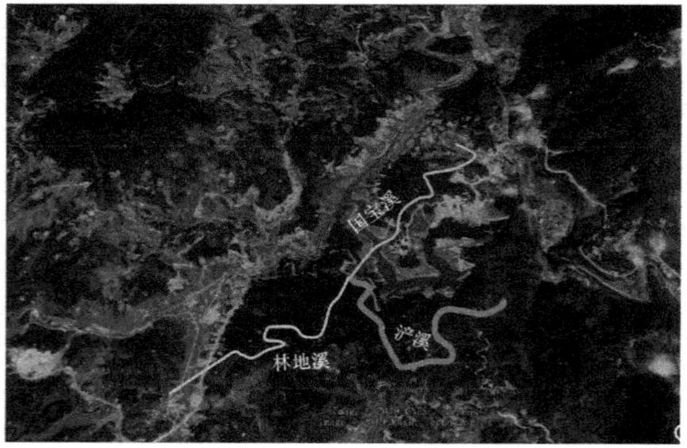

第二章 基础分析

二、社会经济条件

1. 人口

云龙湖景区涉及的三个行政村，现有户籍人口约7845人，2151户。国宝乡人口以汉族为主，现有8个姓，属闽南方言，历史渊源悠久。少数民族种类与人口数比较少，全乡旅居海外的侨胞、华裔约有1400人。常住居民以老年人为主，距离县城近，是省道周边村落，交通条件相对良好。本地居民大部分村民外出打工，经商为主，村庄人口空心化、老龄化严重，存在大量空置乡村住房闲置资源。

行政村	自然村	人口
林地村	花桥、东溪、土楼、阁丘、下厝、中洋、溪尾、合坪、岭头、寨坪10个自然村	485户，1728人
格头村	格头村、彭厝、溪坂洋3个自然村	1320户，4686人
佛岭村	佛岭、洋中、下坑岭、山头4个自然村	346户，1431人

2. 土地利用

在土地利用方面，云龙湖景区耕地面积为4734.3亩，占总比重的9.1%，林地面积30699.4亩，占总比重59.1%，其他用地面积16561亩，占比重为31.8%。

- 林地村：现有耕地面积1624.3亩，林地面积4391.4亩，其他3974.3亩。
- 格头村：现有耕地面积2239亩，林地面积15022亩，其他6739亩。
- 佛岭村：现有耕地面积871亩，林地面积约11286亩，其他5845亩。

3 交通

云龙湖景区位于德化县城的西北方向，在对外交通方面，经泉三高速公路、德化至泉州的车程在一个半小时以内，新建厦沙高速公路贯通国宝乡，至厦门车程两小时以内，福州2小时车程，三明一个小时，厦沙高速出口距景区北部1千米，外部交通便利。

省道206线从乡域的南北跨越，交通便利，是县城通往西部乡镇的"门户"，具有得天独厚的交通区位优势。距德化县城10千米，自驾车或公交车只要10分钟左右就可到达景区，德化西门汽车站到龙湖车站转乘去上涌、葛坑、杨梅、桂阳的班车，经过省道206线，在国宝街的道下车。

景区内部还处于待开发状态，内部交通等级、道路密度、停车场设施还有待完善，需要加强。

第二章　基础分析

4. 历史悠久，文化底蕴深厚

佛岭村是中国传统古村落，古建筑众多：村庄中，各式传统闽南古厝建筑错落有致，宁静古朴，加上抗倭古堡、云龙宫、云龙台国家3A级旅游风景区等文物古迹及知名景点，村落的整体风貌特征为一个传统闽南古民居。古厝、古寨、古庙、古宗祠，是个保存较为完好的闽南传统古村落。据统计，全村百年以上历史的古厝达67座，传统建筑占地面积古村落总建筑面积的86%。村落的建筑既是传统闽南古厝土木结构建筑方式，同时吸收中国传统民间文化和西方建筑艺术，具有鲜明的地方特色。其中最具典型代表的就是龙山堂，在古厝群之外，形成一道别致具观赏价值的闽南传统古厝群风景线。林地村的蔓林口桥、迎仙官、林氏祖厝等文化古迹以被县列为文物保护单位，是宝贵的旅游资源。

蔓林口桥

格头连氏宗祠

林地村

中国传统古村落——佛岭村

197

第二章 基础分析

> **处处可见农耕文明景观**：森林氧吧、蜿蜒河流、天然峡谷、田园风光相同形成的自然与人文资源井茂的村落、村庄民风古朴、乡风文明、生活气息与文化气息相融相生，呈现出一派古朴幽静、祥和安宁之景。农业生产方式、农田景观、农具资源丰富都是活的农耕文明记忆再现或活化石。

第五篇　文旅融合规划的地方发展实例：云龙湖景区总体规划（含图件）

第二章　基础分析

闽南特色民俗鲜明：明代德化农村戏曲班兴起，至清代以来有木偶戏、高甲戏、布袋戏、舞狮、舞龙等；而到民国时期，随着新文化的传播和普及，民众俱乐部、歌唱队应运而生、德化山歌、南音等的传播更加广泛。德化山歌为福建省非物质文化遗产，反映乡村劳动人民在山间野外劳动时抒发自身内心的思想感情，富有当地特有的韵味，山歌用当地方言即兴演唱，旋律以五声调式为主，歌声委婉动听，歌词押韵。

第二章 基础分析

三、上位规划

1. 福建省域视野

《福建省"十三五"旅游业发展专项规划》指出,"十三五"期间是福建旅游业迎来转型升级的"黄金发展期"。以建设我国重要自然和文化旅游中心和国际知名的旅游目的地为目标,加快建设全域生态旅游省、全国旅游生态旅游先行区、海峡两岸旅游交流合作先行区和"21世纪海上丝绸之路"旅游核心区,实现产业规模、产品体系和品牌形象的全面升级。在旅游产业发展升级上,突显海丝、生态和红色特色,提升蓝色滨海带和绿色生态带,构建红色旅游带,形成全省"蓝、绿、红"三带互动。福建省将加强闽台合作,提升旅游服务质量,推进改革创新,不断促进省旅游的大发展。

德化县云龙湖项目在空间产业布局位于蓝色海丝生态旅游轴。在全省旅游大发展的契机之下,德化县云龙湖项目以蓝色海丝文化资源等为依托,打造精品生态文化游。

第二章 基础分析

2. 泉州市域视野

泉州市域面积大约11000平方千米，包括鲤城区、丰泽区、洛江区、泉港区、晋江市、石狮市、南安市、惠安市、安溪县、永春县、德化县等区域。市域要形成"一区、两翼、多支点"的城镇空间结构。

"一区"是指环泉州湾核心区（主要包括泉州中心城区、晋江中心城区和石狮中心城区），"两翼"指南翼环围头湾地区（主要包括安海水头组合）和北翼湄洲湾南岸地区（主要包括泉港和惠安），"多支点"是指南安市、德化县、安溪县、永春县等。

第三章 旅游业发展分析

一、旅游业发展趋势
二、旅游业发展现状
三、旅游业发展SWOT分析

第二章　旅游业发展分析

一、旅游业发展趋势

2016年11月，德化入选第二批国家全域旅游示范区创建名录，成为泉州市第一个"国家全域旅游示范区"。2016年以来，德化县委、县政府高度重视国家全域旅游示范区创建工作，把旅游业确立为全县的战略性支柱产业，围绕海丝路上最具中国山水艺术特质的"生活型休闲旅游目的地"总体定位，构建"文化在全域、风景在路上、风情在乡村、乡愁在小镇、融合发展新格局，着力构建"一城一环两区"的全域旅游发展格局，全力把旅游业培育成为德化县战略性支柱产业，旅游产业地位不断提升。

一城：城关全域旅游城
一环：全域景观游憩环
两区：

- 环城关陶瓷文化旅游集聚区
- 环戴云山生态休闲旅游集聚区

项目地云龙湖景区位于环戴云山生态休闲旅游集聚区，以及全域景观游憩环上（德化传统旅游西线）的重要节点，在乡村旅游、湖泊休闲、康体养身等产品上与上位规划的定位相契合。德化全域旅游的打造便于云龙湖景区与全县资源的重新整合，发挥整体联动的优势。

第三章 旅游业发展分析

二、旅游业发展现状

云龙湖景区南片区云龙湖库区还处于未开发状态，北片区云龙谷景区已经开发运营十多年，景区为国家3A级旅游景区，具有一定规模及知名度，乡村旅游、素质拓展产品基础较好。云龙谷景区现有主要景点约15个，主要包括佛岭村、抗倭古堡、荷花塘、国宝溪漂流、睡莲池、溪心岛、云龙宫、农业创意园、樱花岛、沿溪木栈道、绿野仙踪、梨花岛、国宝五号、舍口坂、大酒瓮内部峡谷探险。除此之外、景区入口及游客中心设置于抗倭古堡旁，入口北侧有一小型停车场。

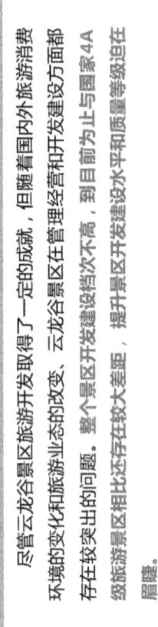

尽管云龙谷景区旅游开发取得了一定的成就，云龙谷景区在管理经营和开发建设方面都存在较突出的问题。整个景区开发建设档次不高，到目前为止与国家4A级旅游景区相比还存在较大差距，提升景区开发建设水平和质量等级迫在眉睫。但随着国内外旅游消费环境的变化和旅游业态的改变，

第三章 旅游业发展分析

对照《旅游景区质量等级的划分与评定》国家标准,目前云龙合景区存在的主要问题有以下几方面:

1. 基础设施整体档次较低

旅游交通:云龙合虽然外部交通可进入性良好,能够达到标准,但区内各景点停车场设施简易,管理也不规范,景区内步道档次不齐,设计也不尽合理;与4A级旅游景区标准差距较大。

卫生设施:景区内卫生设施档次低,需进行改造。主要表现为公共厕所数量不够,厕所卫生环境、厕所内建筑风格、内部装饰和设施简陋,达不到旅游厕所的要求;垃圾收集、打扫和处理都需要提升完善。

2. 公共服务体系不够完善

游客服务中心:云龙合原有游客服务中心简陋,游客接待服务处仅有卖票功能,不能提供旅游景区的综合服务。

休息椅凳和廊亭:景区内的休息椅凳和廊亭等设施的设置不够合理,目维护力度不够,设施때旧损害现象普遍。

旅游标识系统:景区内标识系统水平参差不齐,景区导游全景图、导览图、标识牌、景物介绍牌、警示标牌档次低,设置也不够合理,没有景区文化特色也不环保;公共信息图形符号使用也不够规范。

公众信息资料:云龙合景区旅游公共信息资料整体内容不够丰富和规范,介绍景区的资料少,为游客提供信息服务的渠道窄。

3. 旅游接待设施没有特色

旅游餐饮:云龙合景区旅游餐饮环境需要进一步改造和提升,也没有形成规模效应,应在特色菜肴和餐饮名街打造方面进一步引导。

旅游购物:云龙合景区购物店面积小且少,建筑没有统一的风格,景区内及周边楼梯设施比较随意,与周边环境不够协调。很多地方的支撑遮阳伞档次偏低,需统一、规范、提升购物环境。此外,旅游商品也缺乏地方特色。

4. 经营管理模式问题众多

云龙合景区的经营管理在深层次上还存在较多弊端,主要表现有部门职能交叉、景区管理难以到位、景区审计堆斗、旅游效益低下、开发项目小打小闹,造成资源浪费。

5. 景观与产品质量有待提升

云龙合景区的历史文化积淀深厚,但旅游产品低级重复,缺乏特色,缺乏文化灵魂;市场定位模糊不清,使得管理者不能有的放矢地进行景区管理;整个景区打和村庄交织在一起,导致景区环境氛围不够协调,风貌受到较大影响,如景区内建筑物招牌线与景区环境不够协调,乱挂乱放现象普遍,需有关部门大力整合。

第三章 旅游业发展分析

三、旅游业发展SWOT分析

1. 优势（Strengths）

（1）生态优势：国宝溪，林地溪水质清澈，生态环境保护完好，沿岸多生长有上百年的古树名木和原始，秋季红叶飘飘，煞是美丽。溪岸为鹅卵石滩涂，中间间或生长着郁郁葱葱的芦苇、湖内佛岭村、格头村、林地村风纯朴，环境优美静谧，有野生竹笋和杉树林。春天的桃花，夏天的稻田秋天的枫叶，丰富的猕猴桃资源，还有迷人的山水风光，"山、水、村"成为自然资源的集中表现，开发前景较好。且夏季气温一般不超过30℃，冬暖夏凉，适宜人类活动和居住，符合人体对舒适度的要求，是都市人寻求山野天然之趣的绝佳胜地。

（2）文化优势：积淀了古村落文化、农耕文化等多元文化，旅游资源独具特色，对闽北游客有吸引力，为旅游产品的深度开发提供了坚实的文化底蕴。丰富的文化底蕴，使核心区旅游开发价值得到进一步提升。

（3）交通区位优势：云龙湖景区所在地子德化县西经10千米处，属福建省东部沿海地区，地处福建名山戴云山、九仙山和德化县城之间，海拔300~850米。同省会福州市、经济特区厦门市和泉州市地缘接近，可作为福州、厦门、泉州的"后花园"。该地快速交通较为便利，厦沙高速、省道206线贯穿全境，为游客前往九仙山的必经之路。对外联系系较为便捷，距福州、泉州、厦门车程均为2~3个小时左右。

2. 劣势（Weaknesses）

（1）目前云龙湖景区内部交通道路还没有达到旅游经营的要求。

（2）基础设施不完善，旅游开发存在瓶颈。

（3）一些资源点或未列入文物保护单位和古树名木保护范围，又无明显标志，不利开发和保护。

3. 机遇（Opportunities）

（1）宏观旅游发展机遇难得：当今世界旅游业迅猛发展，国际旅游热点正逐步向亚太地区转移，来华旅游人数逐年增多。同时随着我国人民生活水平的不断提高，假日经济带动增加了人们的旅游消费欲望。

（2）政府的高度重视：德化县政府重点推动全域旅游建设，国宝乡土上下重视旅游业发展的宏观环境和相关部门的高度重视重点项目从立项、规划到开发运作，一直受到县政府和相关部门的高度重视和全力支持，为该项目提供了坚实的政策保障和良好的外部环境。

（3）经济发展态势良好：福建省推进海峡西岸经济建设，以及"瓷都"德化发展迅速，都为该区域旅游业的发展带来了广阔的客源市场。

（4）乡村旅游受到青睐：现代都市人工作节奏加快，压力比较大，特别需要在工作之余有充分的休闲娱乐，以放松身心、修养精神。乡村旅游市场正在迅速发展，该项目的开发正好适应了这一市场需求。

4. 挑战（Treats）

（1）周边环境建设还不成熟：从目前的发展现状来看，虽然区内的自然生态环境非常适合开展旅游活动，但是还是要经过一段时间才能够慢聚集人气。要通过建设一些设施，参与性建设一些特色、贴近消费者的需求，尽快吸引大家的注意，从而也能够带动整个休闲度假区的发展。

（2）云龙湖景区的旅游开发与永春、安溪等周边县在旅游资源上有相似性，属同质性的山地乡村旅游资源。面对激烈竞争的旅游市场，云龙湖景区在旅游开发中应坚持特色开发的原则，打造特色鲜明、较高品位的旅游产品，在产品上需要与周边旅游区形成错位开发。

第四章　旅游资源分析与评价

一、旅游资源概况
二、旅游资源类型
三、旅游资源品质构成

第四章 旅游资源分析与评价

一、旅游资源概况

佛岭古村、明代抗倭古堡、云龙谷、朱熹遗迹,保存着浓厚的乡土人情和深厚的历史文化底蕴。

> **佛岭古村**:佛岭村为中国传统村落,历史悠久,内涵丰富,为景区主要内容之一;现佛岭村为传统民居走廊,主要经营农家乐及陶艺坊。总体来说,悠合山庄等农家乐也已关门停业,土木土陶艺坊仍在经营,但旅游效果有限,佛岭村作为古村,其旅游价值仍然有待发掘。

> **抗倭古堡**:抗倭古堡系邻域景区主入口,地理位置优越,现古堡内部木质结构房屋破损较为严重,仅有外墙依稀可见当年雄姿;作为观赏型景观,古堡环境有待改善。

> **云龙谷**:云龙谷为本土百姓供奉的一座小庙,位于山腰之上,正对溪心坂;从溪心坂角度看去,云龙谷下有一小型瀑布。

云龙谷景区内有1200多种高等植物、900多种大型真菌、100多种内陆脊椎动物,呈现出戴云山独特的生物多样性,是天然的森林氧吧;神奇的国宝溪,神匠的溪中怪石、林地塔,复杂的原始森林,巧夺天工的大小潭瀑,孕育了蜿蜒的峡谷风光。

> **九仙溪漂流**:现九仙溪漂流始于荷花塘旁,终于国宝五号,沿途山林滴翠,河底怪石嶙峋;沿途以观光为主,自然景观为主要游览物。

> **大潜窑内部峡谷**:大潜窑内景区内部峡谷探险原生态面貌保持较好,作为探险区域,未进行开发建设。

> **溪心岛**:景区溪心岛区域主要是林下马场及部分游乐设施,厦沙高速沿此景点好经过,此区域破坏较为严重。加之台风的影响,大面积的创面。

> **绿野仙踪**:绿色仙踪区域因缺少维护,损坏较为严重;原有上山步道已基本无法使用,沿线设施也发生一定损毁。连接沿溪栈道仅有接区内的休息区内有有展示牌、以文字、图片的形式介绍了景区内的珍稀动植物资源。

抗倭古堡

国宝溪漂流

第四章 旅游资源分析与评价

乡村田野景观丰富，荷花、樱花、睡莲、映山红、枫叶、紫薇等四季花草，构成一幅美丽的诗画山水世界。

- 荷花塘：荷花塘区域为2010年度中央农村环境连片综合整治示范项目的污水处理地，它不仅是一个人工湿地公园，更有着现实意义及科普价值。

- 农业创意园：现农业创意园为形状规则、地面平整的田地。摆放展示了从前农村的生产、生活用具。景区运营期间，周围布置有24节气介绍牌。河岸面有一德阳花阴棚，这里是主要的农业采摘区域之一。

- 樱花岛：樱花岛种植有大量樱花树，但因品种问题，花木不能盛放，难以达到观赏效果。运营期间，大部分空间作为休息区域使用。

- 沿溪栈道：从樱花岛开始，至梨花岛，建有沿溪栈道。沿栈道分布有守望幸福、连心潭、天狮赐福等景观。但栈道因长时间未维护，及台风的损坏，小部分区域发生了损坏。

- 梨花岛：梨花岛的主要功能主要是春季赏花、秋季采摘。台风带来的泥沙大量堆积于此，道路两旁杂草较多，梨园内部现保存行为较完好。

- 睡莲池：现景区内睡莲池较小，内部设订步，内部似属同一区域，但与睡莲池的联系性较弱。较近，空间上看似属同一区域，但与睡莲池的联系性较弱。

- 乡野美食：德化黑鸡、黑兔、德化梨等上特产是农家山珍野味。

第四章　旅游资源分析与评价

> **彭村水库**：是泉州市七库连通工程的源头水库，第三大水缸和最大的中型水库，位于闽江大樟溪德化县城关上游浐溪河段，坝址控制流域面积144.5平方公里，具有多年调节性能，电站装机容量7400千瓦；工程建设征移人口3168人，建设用地4874亩，项目总投资约16亿元。枢纽工程主要由钢筋混凝土面板堆石坝、设2孔弧形钢闸门的侧向溢洪道、进水塔、引水系统以及装机2台的发电厂、厂区综合楼和5千米35千伏送出工程等组成。

第四章 旅游资源分析与评价

二、旅游资源类型

旅游资源是旅游项目开发的基础，现依据中华人民共和国国家标准《旅游资源分类、调查与评价》（GB/T 18972—2003）设定的类型，对云龙湖景区旅游资源进行全面调查整理，并进行科学分类与评价。主要资源类型多样，涵盖了所有旅游资源大类。可见，云龙湖景区旅游资源类型涵盖8个主类、16个亚类和18个基本类型。

云龙湖景区旅游资源调查表

主类	亚类	基本类型	主要资源
A 地文景观	2A 级综合自然旅游地	3A 级山丘型旅游地	观音山森林
	AB 沉积与构造	ABB 褶曲景观	梯田
	BA 河段	BAA 观光游憩河段	国宝溪、林地溪干流
B 水域风光	BB 天然湖泊与池沼	BBA 观光游憩湖区	云龙湖水库
	CA 树木	CAA 林地	樟树、水杉、福建柏、南方红豆杉、毛竹
C 生物景观	CC 花卉地	CCA 草场花卉地	荷花、梨花、睡莲
	CD 野生动物栖息地	CDB 陆地动物栖息地	野猪、穿山甲、眼镜蛇、青蛙、白鹭
D 天象与气候景观	DB 天气与气候现象	DBB 避暑气候地	避暑气候

主类	亚类	基本类型	主要资源
E 遗址遗迹	EB 社会经济文化活动遗迹	EBA 历史事件发生地	抗倭古堡
	FA 综合人文旅游地	FAC 宗教与祭祀活动场所	云酒宫、瓷观音博物馆（在建）、林氏宗祠堂、迎仙台
F 建筑与设施	FD 居住地与社区	FDA 传统与乡土建筑	佛岭村古建筑群
	FF 交通建筑	FFA 桥	安林口桥
	FG 水工建筑	FGC 运河与渠道段落	彭村水库大坝
		GAA 菜品饮食	红酒鸡、红菇淮山汤、米酒煲竹鼠、苦菜汤、藏云黑鸡、过饥草汤、柯全猪、血肠、面线糊、竹笋炒肉、白粿肉粽
G 旅游商品	GA 地方旅游商品	GAB 农林畜产品与制品	竹笋、"丰优 22"优质米、德化梨、油茶、黑鸡、黑兔、黑羊
		GAD 中草药材及制品	杜仲、黄花远志、土当归、金银花、何首乌、山甘草、益母草
H 人文活动	HA 人事记录	HAA 人物	爱国华侨叶乃刻
	HC 民间习俗	HCC 民间演艺	南音、舞龙舞狮、木偶戏

211

第四章　旅游资源分析与评价

三、旅游资源品质构成

旅游资源单体数量反映出旅游资源的规模，单体旅游资源的级别状况则反映出旅游资源的质量。云龙湖景区的各级旅游资源中，五级旅游资源空缺，四级旅游资源有仙岭村古建筑群、云龙湖水库、避暑气候地等4个，三级旅游资源有晏口林桥、抗倭古堡、瓷观音博物馆、林氏宗祠堂、迎仙宫、云龙宫等6个单体，优良级旅游资源占比达到37%，二级一级旅游资源单体17个，占63%，整体旅游资源结构较好，开发潜力大。

云龙湖景区旅游资源的级别构成情况表

级别		旅游资源名称	数量
五级	特品级旅游资源	—	0
四级	优良级旅游资源	仙岭村古建筑群、云龙湖水库、避暑气候地	4
三级		晏口林桥、抗倭古堡、瓷观音博物馆、迎仙宫、云龙宫	6
二级	普通级旅游资源	南音、舞龙舞狮、木偶戏、饮食文化、彭村水库大坝、野生中药材、裴国华侨叶乃祖、珍稀野生动物、珍稀野生植物	9
一级		国宝溪、林地溪、梯田、毛竹、荷花、梨花、睡莲、观音山森林	8

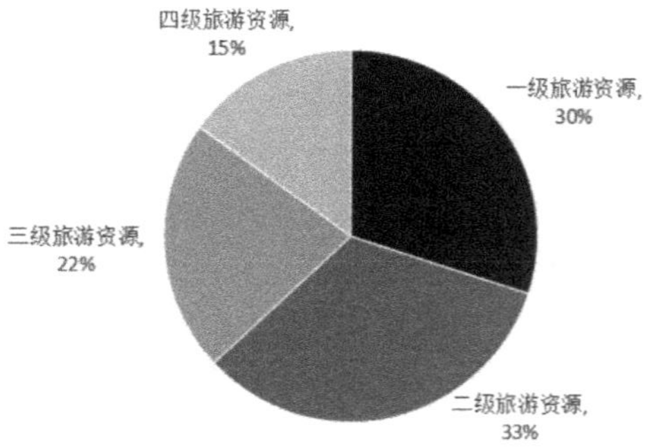

云龙湖景区各级旅游资源占比情况

- 一级旅游资源，30%
- 二级旅游资源，33%
- 三级旅游资源，22%
- 四级旅游资源，15%

第五章 旅游市场分析与定位

一、客源市场现状分析

二、旅游市场趋势分析

三、旅游客源市场的定位

四、客源市场预测

第五章　旅游市场分析与定位

一、客源市场现状分析

从客源源地分析，**游客以泉州（包括德化本地）、厦门、福州为主**，占到90%，省内其他地区为辅。由于旅游产品还处于比较低级的层次，加上交通基础设施不完善，住宿配套不足，餐饮、游客到德化只有公路，县城通往景区没有开通旅游大巴，因此德化游客到云龙湖现有开发的云龙谷景区以自驾车为主，旅游团客流尚未形成规模。

▲ **出游目的**：根据德化乡村景区旅游机夫调查及随机油查得出49%的游客旅游目的是观光游览，24%的游客是素质教育，其次是休闲和健康锻炼（27%）。

▲ **信息获取**：73%的游客是通过朋友介绍获得信息，可见口碑在云龙合营销中的重要作用；通过报纸杂志、网络宣传的占6%，通过电视、广播、旅游企业宣传等其他渠道较少，宣传面不够广。

▲ **停留时间**：77%游客停留时间为半天，停留2天的游客又少。

▲ **消费**：150元以下的占到44%，150~260元的占到22%，261~359元的占15%，360元以上的占10%

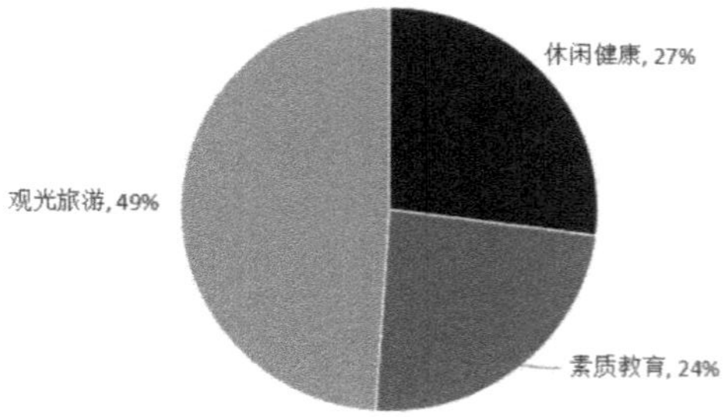

游客出游目的占比情况（休闲健康，27%；素质教育，24%；观光旅游，49%）

214

第五篇　文旅融合规划的地方发展实例：云龙湖景区总体规划（含图件）

第五章　旅游市场分析与定位

二、旅游市场趋势分析

1.休闲度假市场潜力巨大

旅游业发展一般经历萌芽发育、观光旅游、休闲度假旅游、休闲旅游四个阶段，与人均GDP相对应，当人均GDP达到1000美元以上时，产生远距离旅游的动机，形成以观光旅游为主的消费热潮；超过3000美元，产生中近距及国内热点旅游目的地的旅游动机，旅游类型为观光、休闲度假复合；超过5000美元，产生远距离和国际旅游的动机，旅游类型为观光、休闲度假、体验旅游的复合型。

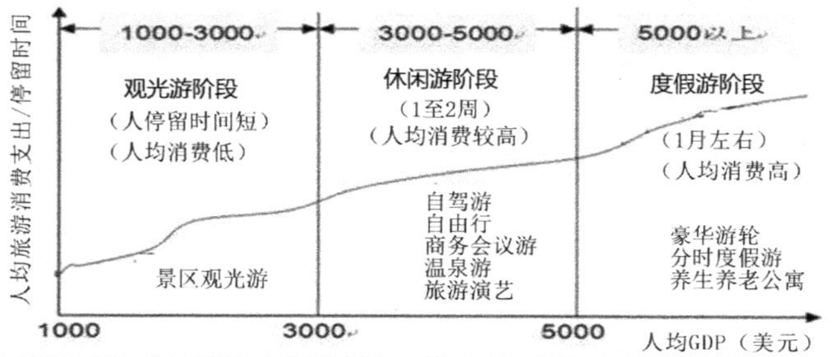

2018年的人均GDP统计表明，我国人均GDP已超过5000美元，达到64520.7元（约合9509美元）。长江三角洲、珠江三角洲、京津冀等经济发达地区人均GDP已接近20000美元。福建省人均GDP9.12万元约1.5万美元，成为中国首个全部市人均GDP破一万美元的省份，德化县人均GDP为8361美元。根据旅游业自身发展规律，现今旅游发展的主导趋势为观光旅游基础上的休闲度假，深度体验等转移。而根据云龙湖景区现有的资源环境观状，休闲度假市场是主要的市场方向，具有巨大的市场潜力。

注：信息来源于WIND资讯。

第五章 旅游市场分析与定位

2. 短线近郊旅游吸引眼球

当今世界旅游业迅猛发展，国际旅游热点正逐步向亚太地区转移，来华旅游人数逐年增多。同时随着我国人民生活水平的不断提高，假日经济带动和增加了人们的旅游消费欲望。区域休闲消费的快速增长，当前长假休假制度有限，带薪休假制度还未广泛落实，周末时间一年有104天左右，经济的短线旅游和周边游成为人们的更多选择。德化县旅游业一直以短线旅游和周边游为主，客源多来自德化县城、泉州、厦门、福州等周边地区，尤其现在新兴发展起来，更吸引了省内主要旅游市场的目光，发展潜力巨大。在周边游市场调查分析表明，亲子游和自驾游发展潜力最强。

3. 健康养生主题前景看好

健康养生产业为大众提供更健康、更美丽、延缓衰老或预防疾病的产品和服务。医疗健康支出已成为继食品、教育之后的第三大消费支出，健康产业也因此成为我国最有投资价值的产业之一。以健康养生为主题的旅游项目，作为健康产业重要延伸，随着人们对健康的日益关注，具有远大的发展前景与难以限定的上升空间。

目前，闽南地区以健康养生为主题的旅游项目还比较缺乏，云龙湖景区若能利用好其优美宜人的湖泊生态资源、田园风光、山水环境、用丰富的中草药资源创立"健康养生"主题的旅游项目，进行森林SPA、中药滋补养生、休闲运动、素质拓展、湖泊养身等康体活动，定能产生巨大的市场效益。

- 在线旅游产品类型雷达分析

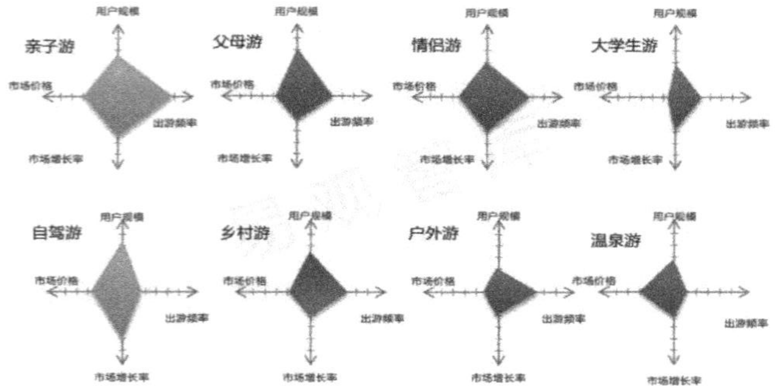

数据来源：易观智库2016年调查数据。

第五章　旅游市场分析与定位

三、旅游客源市场的定位

1. 核心客源市场：闽东沿海发达地区市场

闽东沿海地区（福州、泉州、厦门、莆田）是海峡西岸经济最发达、人口最积聚的区域之一，同时，也是最大的旅游市场。德化县"世界瓷都、润养德化"的定位，首先要建设成为闽东地区的后花园。云龙湖景区可以借助已开通的泉三高速和厦沙高速以及省道206线，吸引大量闽东地区的游客。2018年，泉州市实现地区生产总值（GDP）8467.98亿元，比上年增长8.9%，经济总量连续20年保持全省第一，在中国大陆城市中排名第19。按常住人口计算，人均地区生产总值97614元（按年平均汇率折合14751美元），比上年增长8.1%。2018年，厦门市实现地区生产总值（GDP）4791.41亿元，比上年增长7.7%，排名福建省第3位。2017年，厦门市常住人口4111万人，常住人口城镇化率89.1%。随着泉州、厦门等城乡居民生活方式逐步现代化，物质和文化生活的质量都有明显提高，对于旅游项目拥有相当的消费需求与消费能力。

2. 基础客源市场：福建省内其他市场

三明、南平、宁德、龙岩、漳州等地区，在厦沙高速开通之后，到云龙湖景区的相对距离将缩短，可为云龙湖景区带来较多客源。

3. 拓展客源市场：海外、三大城市群市场

福厦、温福铁路通车，以福建为主体的海西交通条件不断优化，福建同周边地区的旅游辐射功能进一步加强。厦沙高速通车化，以及近年德化动车站将竣工，德化作为世界陶瓷城和电子商务十强县，有大量的商务人士来德化进行商务活动、重点是海外人士，还有我国三大城市群地区（珠三角、长三角、京津冀），这些商务客人也是景区巨大的潜在客源市场。

第五章 旅游市场分析与定位

四、客源市场预测

1. 闽东沿海地区游客预计占总游客量的70%

闽东沿海地区（福州、泉州、厦门、莆田）是本景区最稳定的日常客源市场。2018年底这四个城市常住人口达到2000万以上的大市场，预计市内游客量占总游客量的70%左右。

2. 省内其他游客预计占总游客量的20%

凭借德化在全省旅游格局中异军突起的发展态势以及在德化旅游格局中的个性定位和特色发展，景区对省内其他地区（以三明、南平、宁德、龙岩、漳州等地区为主）游客也具有较大的吸引力，预计省内游客占总游客量的20%左右。

3. 省外游客预计可达总游客量的10%

根据经济、距离、吸引力三因素的分析，省外游客以周边省份的以及前来德化的外省商务客为主，预计可达总游客量的10%。

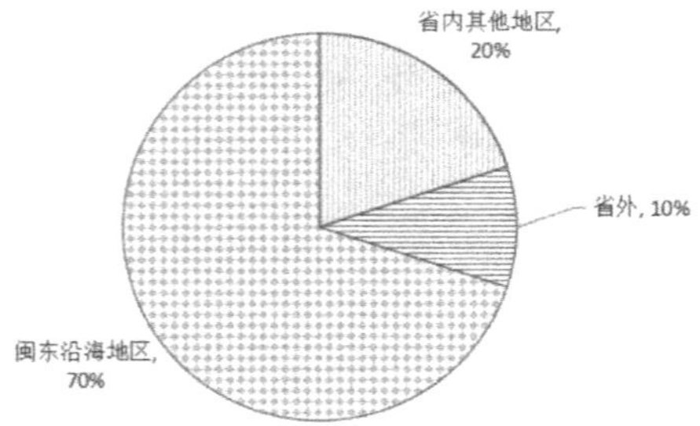

4. 综合客群规模预测

2018年德化县全县接待游客387.56万人次，旅游总收入35.85亿元。云龙谷目前已是德化县三个国家3A级（及以上）景区之一，云龙湖水库休闲区建设与云龙谷景区进行整合，云龙湖景区游客故德化县游客接待量的5%估计，预计2025、2030、2035年接待游客量分别达34.3万、55.3万、89万人次。

根据以上分析，对云龙湖景区的游客规模进行预测：云龙湖片区项目将于2022年下半年对外开放，到2025年预计云龙湖景区的旺季游客量为2500人/天，淡季游客量为500人/天，则全年游客量将达到7.5万人次（全年的造游天数按300天计算，其中旺季100天，包括双休日、节假日等，淡季200天）。随着景区建设的完善，预计2025年前游客量将实现平均每年10%的增长速度；随着知名度的不断提升和管理的完善，预计2025—2030年项目将进入较快发展时期，预计平均每年游客的增长率将达到15%；2030—2035年进入平稳发展时期，预计平均每年游客量的增长速度为5%。

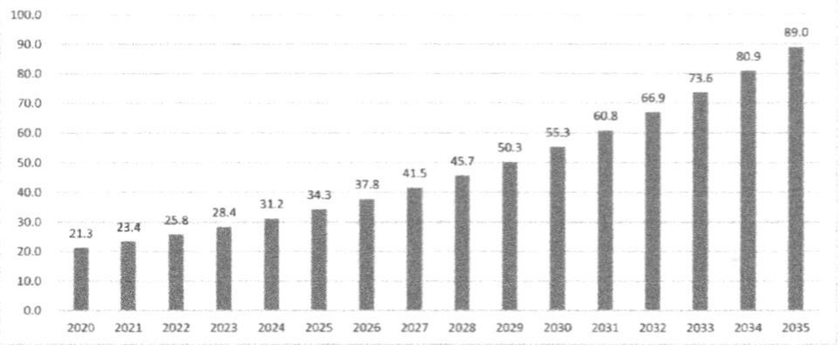

游客量预测（单位：万人）

年份	游客量
2020	21.3
2021	23.4
2022	25.6
2023	28.4
2024	31.2
2025	34.3
2026	37.8
2027	41.5
2028	45.7
2029	50.3
2030	55.3
2031	60.8
2032	66.9
2033	73.6
2034	80.9
2035	89.0

- 闽东沿海地区，70%
- 省内其他地区，20%
- 省外，10%

第六章 发展战略

一、总体定位
二、目标定位
三、形象定位
四、发展目标
五、发展原则
六、发展战略

第六章 发展战略

一、总体定位

以云龙湖为自然景观特色，以闽南文化、乡村文化、宗教文化为内涵，具有农业观光、农家体验、湖泊休闲、健康养生等功能为一体的乡村旅游目的地。

戴云山麓最理想的山水田园康养休闲圣地

▲ 国家4A级旅游景区
▲ 国家级乡村振兴示范点
▲ 福建康养休闲基地

第六章 发展战略

二、目标定位

根据项目的区位优势、资源特色和现有基础，依托泉州市的大交通和经济基础，把项目的旅游发展定位为：

泉州市精品旅游、研学旅行代表景区——旅游新名片
泉州市乡村振兴示范点——乡村旅游新名片
海丝文化旅游示范基地——文化名片

第六章 发展战略

三、形象定位

形象定位1：乐水天堂、瓷语之乡
形象定位2：海丝瓷路、文旅云龙

释义：乐水天堂——以云龙湖（彭村水库）景观带为基础，规划水上项目，打造德化县云龙湖项目的乐水活动。

瓷语之乡——以陶瓷文化和现有的水库旅游为基础，融合生态观光、研学旅行产品和理念，打造德化研学旅行示范经典目的地。

海丝瓷路——以海上丝绸之路文化为基础，提升打造德化县云龙湖项目的文化灵魂。

文旅云龙——以云龙湖（彭村水库）现有特色的"高峡出平湖"生态环境为基础，提升打造升级版的云龙湖美丽风景线。

第六章 发展战略

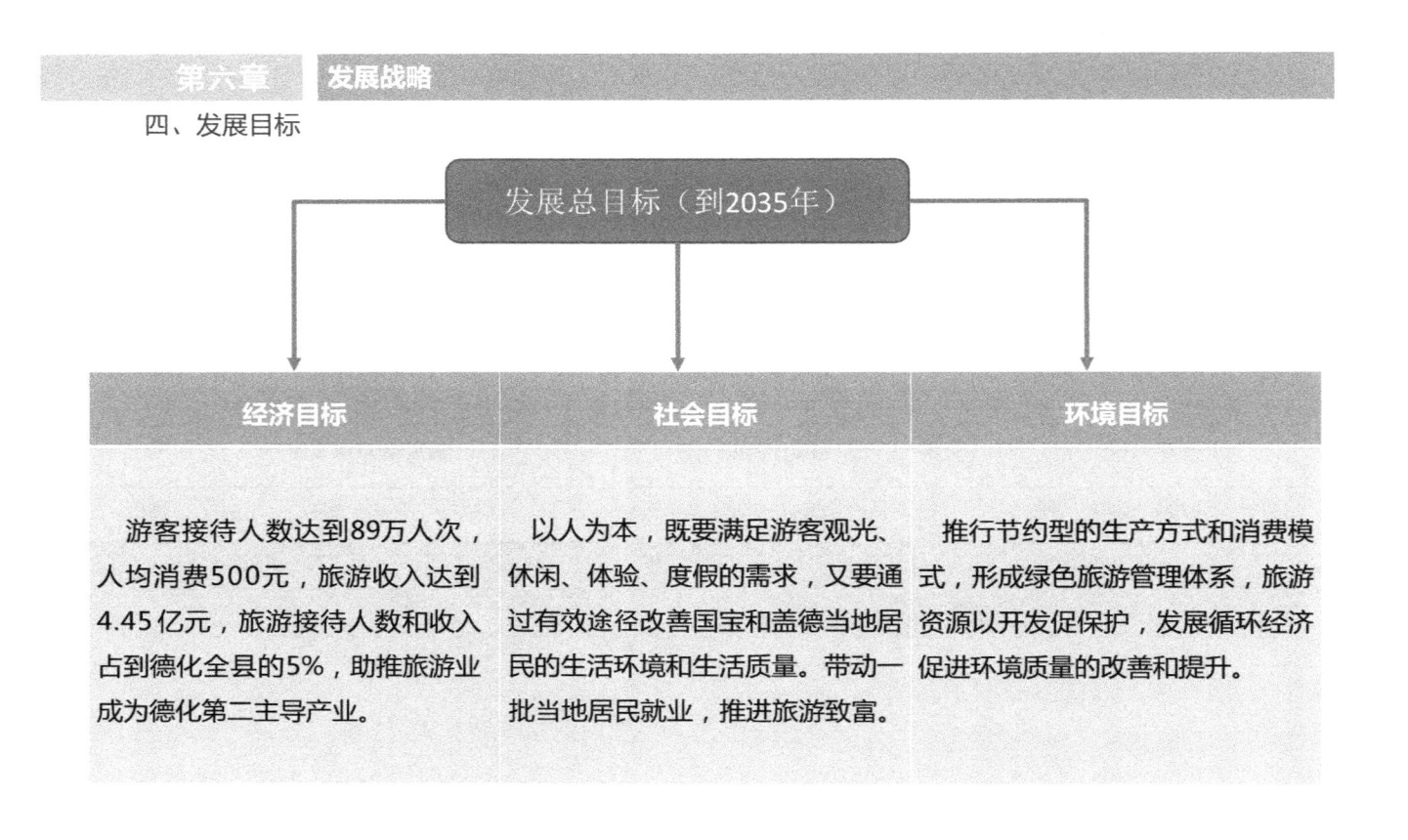

四、发展目标

发展总目标（到2035年）

- **经济目标**：游客接待人数达到89万人次，人均消费500元，旅游收入达到4.45亿元，旅游接待人数和收入占到德化全县的5%，助推旅游业成为德化第二主导产业。

- **社会目标**：以人为本，既要满足游客观光、休闲、体验、度假的需求，又要通过有效途径改善国宝和盖德当地居民的生活环境和生活质量，带动一批当地居民就业，推进旅游致富。

- **环境目标**：推行节约型的生产方式和消费模式，形成绿色旅游管理体系，旅游资源以开发促保护，发展循环经济，促进环境质量的改善和提升。

223

第六章 发展战略

分期	阶段目标		
	近期（2019—2025年）	中期（2025—2030年）	远期（2030—2035年）
目标	闽东地区知名旅游目的地	福建省旅游目的地	国内一流旅游目的地
游客接待人数	进入高速增长期，按年均增长15%，到2025年可达到33.4万	进入持续增长期，按年均增长15%，到2025年可达到55.3万	进入稳定增长期，按年均增长10%，到2030年可达到89万
游客收入（元）	1亿	2亿	4.45亿

第六章 发展原则 | 发展战略

五、发展原则

1. 资源基础原则

综合利用现有的自然人文资源，在遵循生态保护原则的前提下，因地制宜，挖掘潜力，开创特色主题，开发出相应的有特色的旅游产品，增强景区的旅游吸引力与生命力。

2. 市场导向原则

在景区规划和旅游产品开发中应适应旅游市场，结合现代人爱好自然、闲暇意识增强的特点，多视角地看待旅游活动和旅游服务，全方位利用资源条件，推出集旅游服务和旅游产品功能于一身的旅游景区。

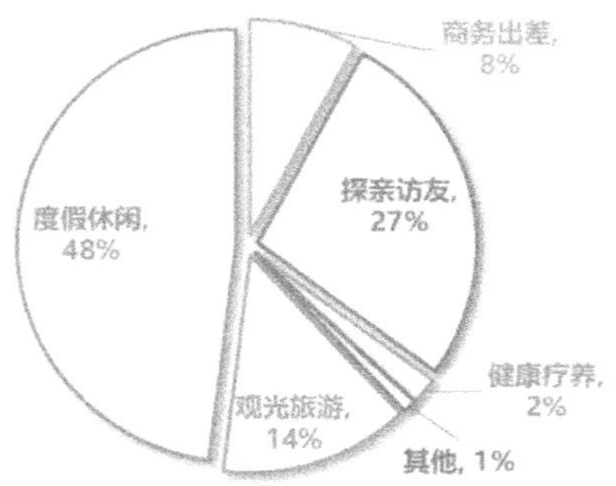

3. 生态保护原则

全面保护现有自然生态资源，包括山体、水体、动植物及其视觉景观资源，以涵养水源、提高和保护水体质量为出发点进行全面保护。

4. 容量控制原则

项目策划和建设始终要以山岳背景的保护以及区域生态的承载力为前提，科学预测、有效控制游客量，进行适度开发。

来德化出游目的

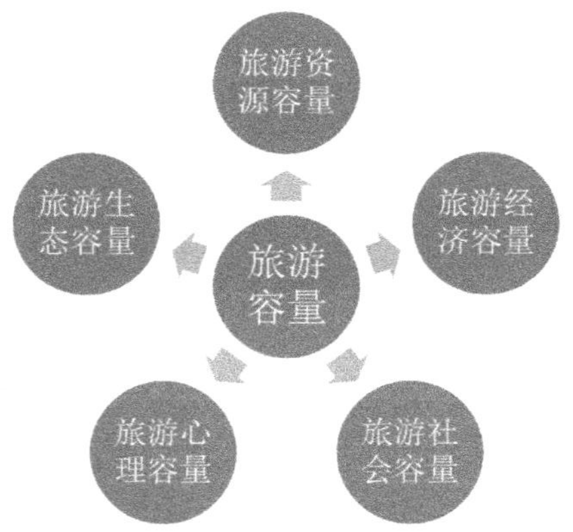

第六章 发展战略

六、发展战略

战略一：打造精品，提升核心吸引力的产品发展路径

- 在旅游产品开发方式上，要尽快实现从粗放经营、外延扩大为主向集约经营、内涵提高为主转变。

- 在旅游发展模式上，云龙湖景区要从短程游览和观光旅游为主，向休闲度假旅游为主转变。

- 需要加大旅游产品的供给侧改革，减少低水平的旅游产品重复供给，提高高质量旅游产品的比重。

- 重点打造佛岭古建筑体验产品、湖泊康养度假产品、闽南乡村民俗表演等一系列旅游精品，形成全季节体验的产品。

第六章 发展战略

战略二：推进"旅游+"的产业融合发展路径

- 促进"一业融百化"，推动旅游与新型工业化、信息化、新型城镇化、农业现代化和文化产业化融合发展，拓展全域旅游发展新空间。

- 实施"旅游+"，推进云龙湖景区旅游创新发展，加快培育旅游新业态、新产品，推进"旅游+"新的生活方式，创新旅游发展新领域。

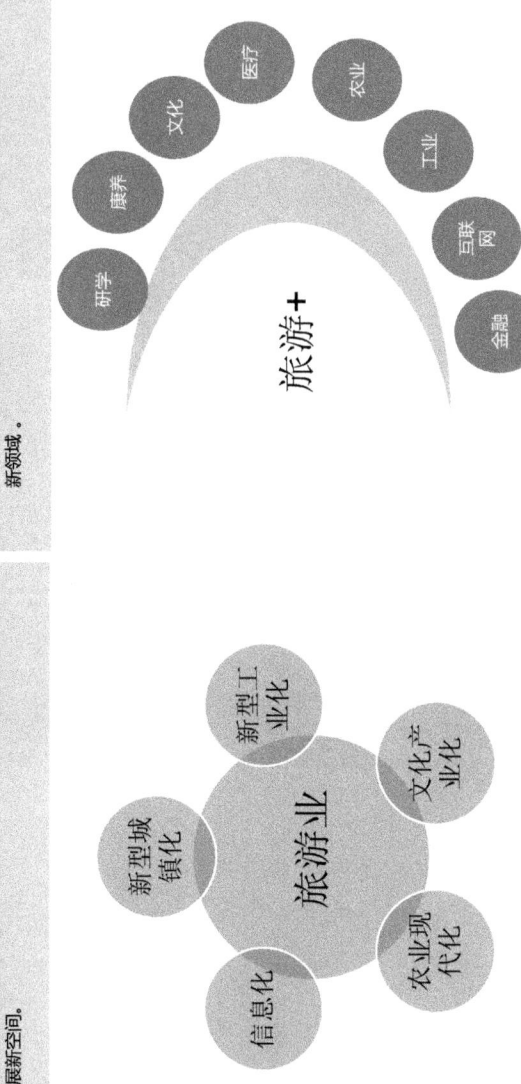

第六章　发展战略

战略三：完善旅游服务配套，提升接待能力的发展路径

- 建设云龙湖景区旅游集散中心，搭建智慧旅游配套服务体系
- 打造智慧旅游信息中心
- 智慧旅游交通服务体系
- 旅游特色民宿群
- 旅游商品生产等配套功能

第六章 发展战略

战略四：从部门行为向全社会参与的发展路径

- **政府**——加大对旅游基础设施投入力度，增加旅游公共服务设施供给，强化旅游综合环境治理，制定旅游发展相关政策与标准。
- **企业**——参与投资旅游项目，开发新业态，推广旅游产品，提供旅游服务。
- **村民**——树立主人翁意识，作为云龙湖旅游的主要形象窗口，积极宣传旅游形象，投资和经营旅游业态，参与旅游管理和消费。
- **游客**——以游客满意作为根本落脚点，积极吸取游客对云龙湖景区旅游的反馈意见，提升旅游综合品质，使游客成为云龙湖景区旅游的重要宣传者。

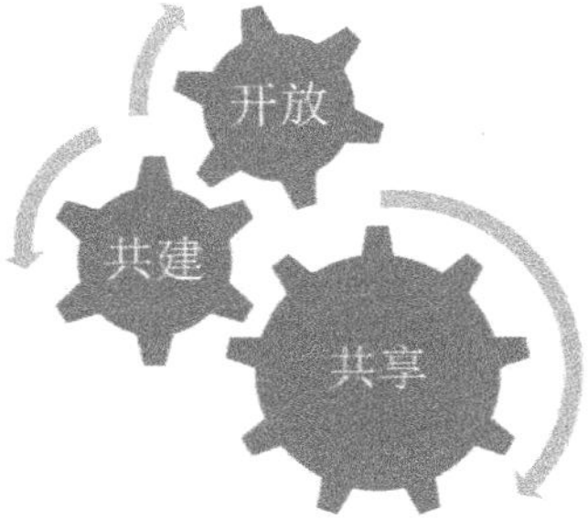

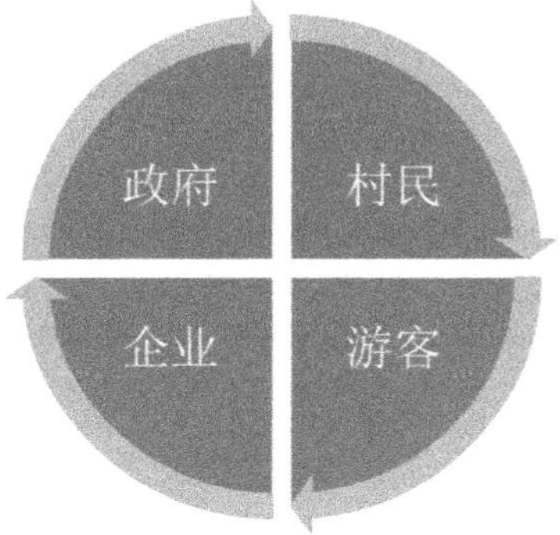

229

第六章　发展战略

战略五：实现旅游资源的开发和保护协调发展路径

- 云龙湖景区，自然环境优越，属于水源地保护区以及藏云山国家自然保护区的外围。发展旅游业更应主重实施生态战略，把更多的旅游点建成生态环境优质区，保护好森林和湖泊等自然资源。

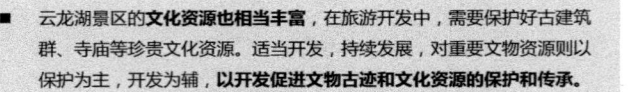

- 云龙湖景区的文化资源也相当丰富，在旅游开发中，需要保护好古建筑群、寺庙等珍贵文化资源。适当开发，持续发展，对重要文物资源则以保护为主，开发为辅，以开发促进文物遗迹和文化资源的保护和传承。

230

第五篇　文旅融合规划的地方发展实例：云龙湖景区总体规划（含图件）

第七章　空间布局

一、功能分区
二、空间格局
三、总平面图

第七章　空间布局

一、功能分区

图例：
- 激情云龙谷景区
- 奇幻云龙峡谷景区
- 云龙水库观光科普区
- 规划范围

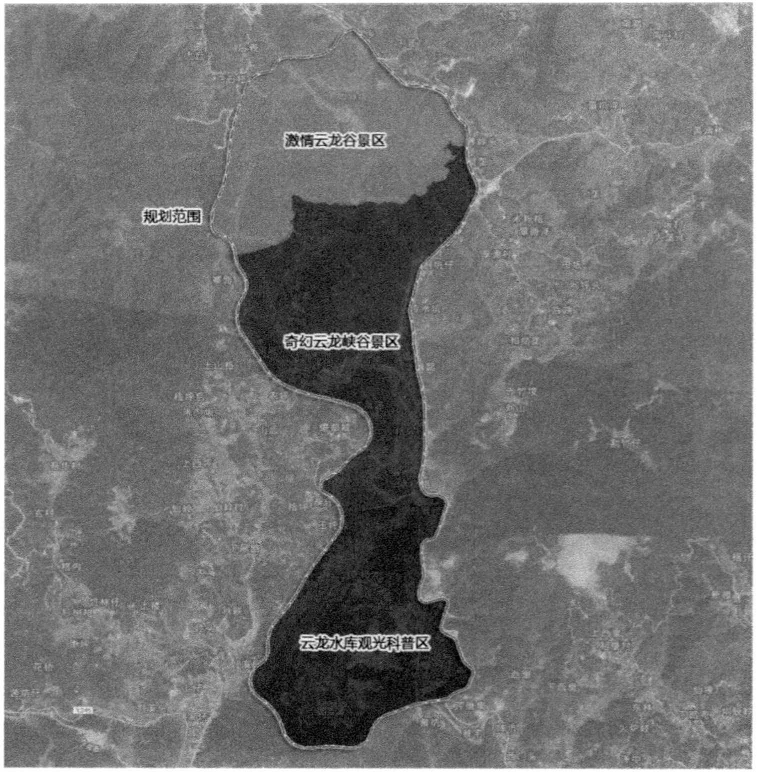

第七章 空间布局

二、空间格局

规划打造一心一轴三片区：

一心：云龙广场。

一轴：滨水景观轴。

三片区：激情云龙合景区、奇幻云龙峡谷景区、云龙水库观光科普区。

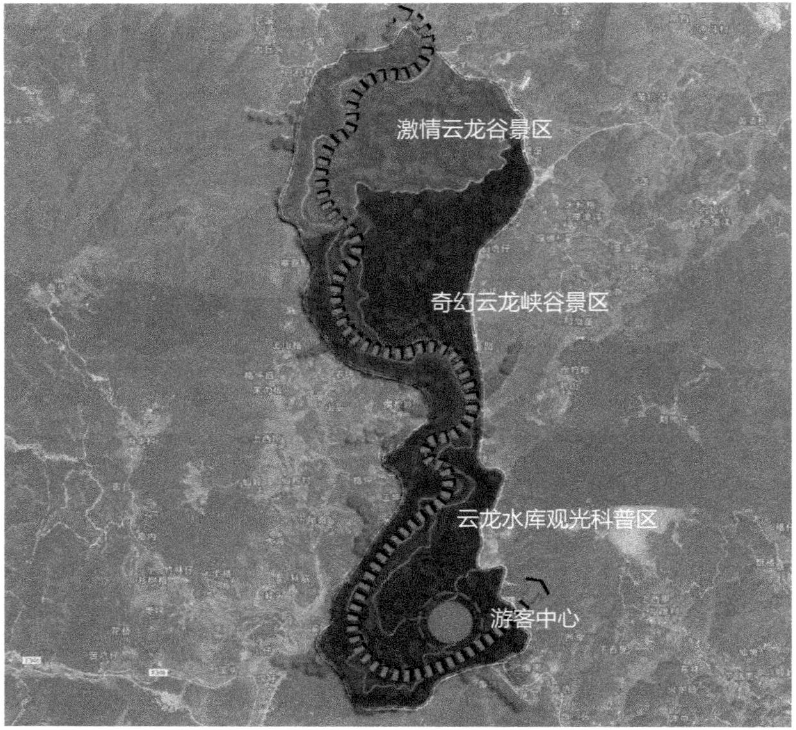

倍增与示范：世界瓷都国家级文旅融合示范区规划发展

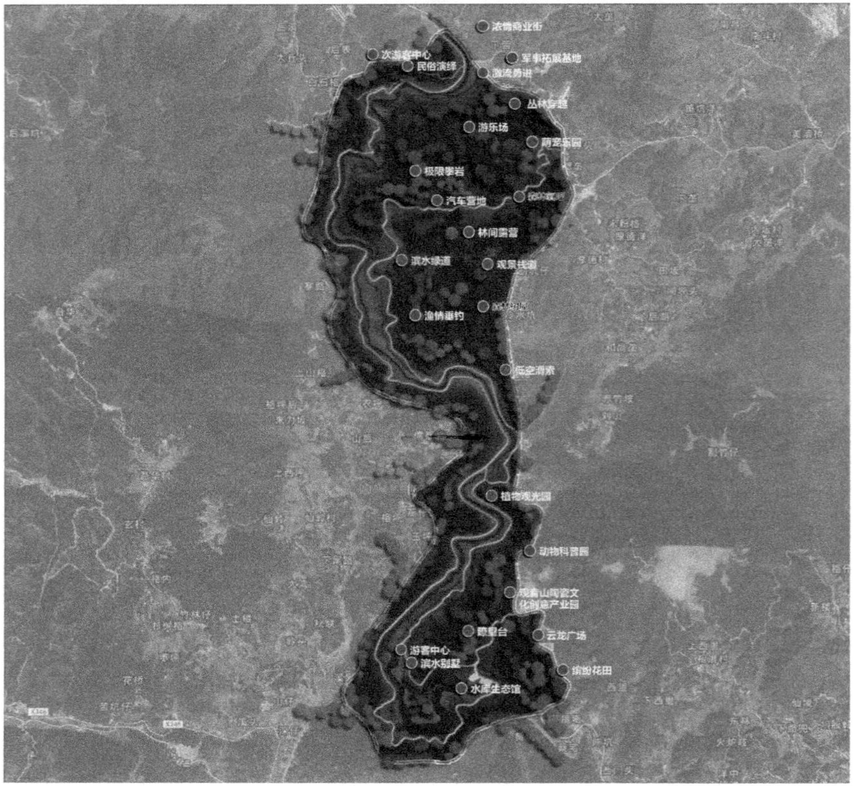

第七章 空间布局

三、总平面图

第八章 分区项目规划

一、云龙水库观光科普区
二、奇幻云龙峡谷景区
三、激情云龙谷景区

第八章 分区项目规划

一、云龙水库观光科普区

规划项目：
① 植物观光园
② 动物科普园
③ 观音山陶瓷文化创意产业园
④ 瞭望台
⑤ 云龙广场
⑥ 游客中心
⑦ 滨水别墅
⑧ 水车生态馆
⑨ 缤纷花田

第五篇　文旅融合规划的地方发展实例：云龙湖景区总体规划（含图件）

第八章　分区项目规划

1. 植物观光园

规划思路：借由云龙湖水库两岸丰富的植物群建设植物观光园，探索水库周边植物生态。

2. 动物科普园

规划思路：依托云龙湖景区丰富的珍稀野生动物资源，开设动物科普园，带人们走近奇妙动物世界。

3. 观音山陶瓷文化创意产业园

规划思路：德化县观音山陶瓷文化创意园位于国宝乡格头村，环境优美，交通便捷，距离城关8千米，厦沙高速国宝互通口9千米，毗邻强村东水库旧址，五彩祥云，已翩然而至。

4. 瞭望台

规划思路：在云龙湖水库一侧高点设下一座瞭望台，攀登而上，览云龙湖水库秀丽青山，悠悠碧波。

5. 云龙广场

规划思路：在云龙湖景区入口处建设集游客中心、卫生间、休闲驿站等服务设施于一体的云龙广场。

6. 游客中心

规划思路：设立游客中心，提供餐饮、休憩、医疗、卫生间、问询等服务设施。

7. 溪水别墅

规划思路：在湖边寻一处悠闲僻静的地方，方便游客旅行住宿，欣赏美景。

8. 水库生态馆

规划思路：依托水库生态馆，走近水底世界，展开对水库生态的研究和科普。

9. 缤纷花田

规划思路：结合云龙广场，打造经过曲折的山路来到云龙湖景区的第一眼凉喜——花田。

237

二、奇幻云龙峡谷景区

规划项目：

① 汽车营地
② 森林氧吧
③ 林间露营
④ 观景栈道
⑤ 滨水绿道
⑥ 渔情垂钓
⑦ 森林树屋
⑧ 低空滑索

第五篇　文旅融合规划的地方发展实例：云龙湖景区总体规划（含图件）

第八章　分区项目规划

1. 汽车营地
规划思路：在闲暇时光里，与家人驱车出游，投入自然的怀抱中，舒展身心。

2. 森林氧吧
规划思路：追求"原汁原味、返璞归真"理念，将运动健身、休闲旅游与自然山水巧妙融合。

3. 林间露营
规划思路：打造浪漫林间露营基地，在京凉的夜里倾听露水叮咚、虫鸣作响。

4. 观景栈道
规划思路：在峡谷一岸铺设观景栈道，穿梭在林间，山麓溪流若隐若现，潺潺流水声相伴而行。

5. 滨水绿道
规划思路：沿溪设置聚集运动、休闲、观光于一体的一条滨水绿道，观身山水之间，让人十分惬意。

6. 渔情垂钓
规划思路：根据水域规划垂钓区、临溪而坐、舒散疲劳、寄闲情逸致于山水。

7. 森林树屋
规划思路：倚靠森林资源，建设树屋，给游山玩水带来一番惊奇乐趣的同时放松身心。

8. 低空滑索
规划思路：连接峡谷两岸、设下滑索、穿梭在峡谷上，将峡谷纵向美景一览无余。

239

三、激情云龙合景区

规划项目：
① 浓情商业街
② 次游客中心
③ 军事拓展基地
④ 民俗演艺
⑤ 激流勇进
⑥ 丛林穿越
⑦ 游乐园
⑧ 萌宠乐园
⑨ 极限攀岩

第八章　分区项目规划

1. 浓情商业街

规划思路：景区路口开辟一条极富当地文化特色的商业街，瓷器琳琅，叮当作响。

2. 次游客中心

规划思路：次游客中心位于云龙合景区入口处，主要提供饮食、休憩、卫生间等服务。

3. 军事拓展基地

规划思路：体验先令学识，开拓军事训练基地主要针对中、小学生，加强新生代各方面素质。

4. 民俗演艺

规划思路：基于德化当地特色民俗文化，开展文化表演，传播民族文化。

5. 激流勇进

规划思路：顺着国宝溪一路漂流直下，呼吸着甜甜的空气，将沿途秀丽风光尽收眼底。

6. 丛林穿越

规划思路：在空中与大自然亲密接触，置身郁郁林中，挑战自我，超越自我。

7. 游乐园

规划思路：景区游乐场由7个游乐项目组成，体验不一样的童年，碰撞出新的火花。

8. 萌宠乐园

规划思路：汇聚可爱萌物，切身感受自然中的一静一动，拥抱自然带来的欢乐原音。

9. 极限攀岩

规划思路：结合景区地形，展开攀岩运动，锻炼身体的同时，也在磨炼意志。

第九章 基础设施规划

一、道路设施规划
二、标识系统设计
三、环卫系统规划

第五篇　文旅融合规划的地方发展实例：云龙湖景区总体规划（含图件）

第九章　基础设施规划

一、道路设施规划

图例：硬质步道　滨水绿道

243

第九章 基础设施规划

二、标识系统设计

为了便于旅游者从事旅游消费活动，提高景区游客接待服务质量以及游客的满意度，应按照国家颁布的 GB/T 10001 标准，在景区（点）新建或完善各种公共信息标志（识）物。

1. 交通导引解说系统

景区交通导引解说系统包括两部分：外部交通导引和内部游览道路导引系统。外部交通导引解说系统主要为进入景区的游客提供服务，在景区分岔路、拐弯处等设置醒目突出的方向指示、距离提示和安全警示标说牌、内部游览道路导引解说系统主要为游客提供游览指南，包括行程路线、时间安排等内容。

2. 接待服务设施解说系统

包括旅游者入住和到访的各类住宿、餐饮设施、旅游购物等场所。除了规范的公众信息提示外，注意采用中英文双语解说，同时对附设设施的使用方法、位置、预定等等配置清晰的说明。

3. 景区解说系统

园区解说系统由软件部分（解说员、咨询服务等）和硬件部分（导游图、解说牌、资料展示栏等）组成。对于园区景点解说牌而言，全景牌示、景点牌示、忠告牌示等各种类型均必须齐全，图文并茂对园区景点概况、分布、游览的时间等加以说明。

功能及内容	指导：如入口标志、欢迎标志、指示标志（指引方向）、距离等； 教育：植物解说牌、历史人物解说牌、历史事件解说牌等； 管理：包括违反规章或违法规的明示、警告、限制或禁止游客活动。
设置原则	结合德化县云龙湖的生态特征，设计独特的解说牌，彰显德化县云龙湖的文化。 布局合理，美观醒目、导游牌等，合理设置在停车场、出入口、主要路口、餐饮设施等位置，符合国家 GB10001 标准的规定。 充分发挥游南信息主轴，便于携带的特点，其数量应充足，中外文字准确规范，水域生态等特色。 应以简个性说明为主，石材等当地原生材料。较深奥的内容则利用印刷出版物或其它特殊设施辅助进行。
选材	建议采用木材、石材等当地原生材料。同时，还应注重艺术性和生态性，力求与景观环境相协调，或者歌意造型，对景观具有一定的烘托效果。
设计	统一景区内解说牌长大小、风格、规格等，注意大小、形式设置复与周围景观相和谐匹配。 解说牌设施应注意数量适中，避免由于过多的解说牌导致视觉污染，对解说牌进行定期维修，保持其长久的自然性。 挂图字大小应以能止游客清晰看见为首要条件。 游客与牌面的距离，最近时限为牌面宽度的1.2倍，最远时为牌面宽度的3倍，最近时限为牌面宽度的2.6倍。 解说牌距离地面高度为45-60cm，室内墙面的展示，以下端离地95cm。上端在和平视线高度130-150cm为宜。 文字设计力求简洁、清晰、悦目、精确、有条理。尽量用日常生活中读来解说要传达的内容；标题力求突出主旨，字体宜使用印刷体，英文不应全部使用大写字母。 解说牌的文字高度（H）一般用牌面高度的0.024倍，横写一行应占5H/3，字间隔为H/6，而整个牌面上下左右各占10%的空白为佳，解说牌的设计应图文并茂，注意色彩搭配，建议选用可能使用的颜色组合依次为：绿底白字、棕底黄字等。

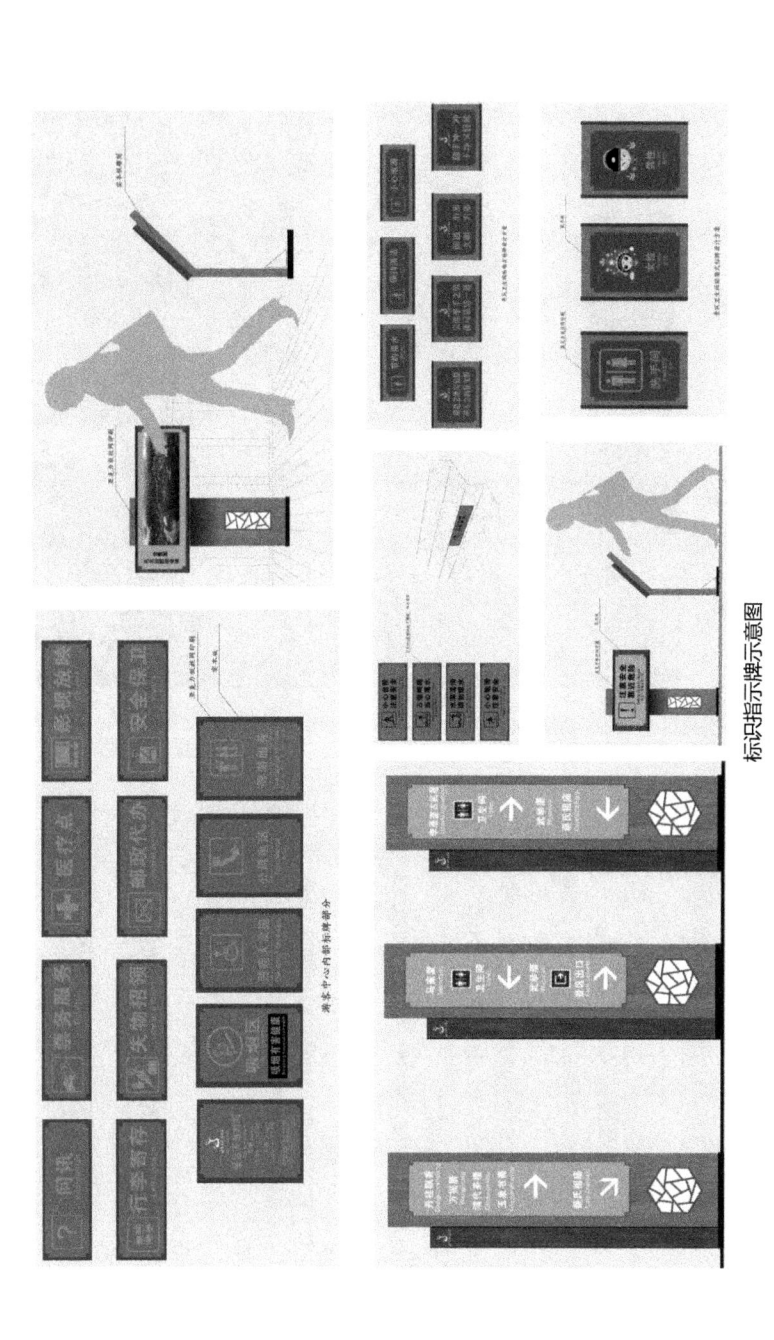

第五篇 文旅融合规划的地方发展实例：云龙湖景区总体规划（含图件）

第九章 基础设施规划

标识指示牌示意图

第九章 基础设施规划

三、环卫系统设计

1. 规划原则和目标

(1) 健全完善景区环境卫生机构、人员和设施建设，创造良好的卫生环境。

(2) 根据"无害化、减量化、资源化"的方针对景区生活垃圾进行"分类收集、分类运输、分类处理、分类处置"。

2. 环卫设施规划

景区统一设立环境卫生机构，按规范要求增加环境卫生清扫工人，便于各景区、接待设施、服务点、居民点和道路等垃圾得到及时清扫、清运，保持良好的卫生环境。具体措施如下：

(1) 沿主要游览线，间隔150米左右设置垃圾箱。

(2) 派专人负责景区垃圾清扫，收集与外运及水面漂浮物的日常打捞。

(3) 在游人集散场所和主要游览线设置公共厕所，布置隐蔽并与周围环境协调；每隔500~600米游步道距离设置一个生态厕所。

(4) 景区所有生活垃圾运返至景区外统一的垃圾堆放场填埋，注意必要的配套消毒处理。

(5) 健全垃圾违章罚款机制，完善"环境文明景区"奖罚办法。

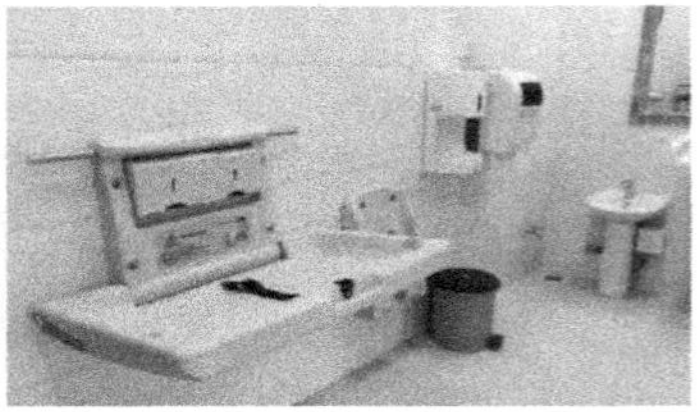

第五篇 文旅融合规划的地方发展实例：云龙湖景区总体规划（含图件）

第十章 旅游线路规划

一、研学科普路线
二、休闲观光路线
三、娱乐游玩路线

第十章 旅游线路规划

一、研学科普路线

二、休闲观光路线

倍增与示范：世界瓷都国家级文旅融合示范区规划发展

第十章 旅游线路规划

三、娱乐游玩路线

第十一章 投资概算和分期建设

一、分期建设
二、投资估算
三、社会效益

第十一章 投资测算和分期建设

一、分期建设

德化县云龙湖的建设分为近期和中远期。
近期：2019—2022年。
中远期：2023—2035年。

近期：特色核心——打基础、出特色、聚人气。
中远期：特色景区——育产业、强功能、出品牌。
打造成具有区域影响力的文化休闲旅游小镇基地。

第十一章 投资概算和分期建设

二、投资估算

功能分区	一级项目	投资估算（万元）	建设分期 近期（万元）	建设分期 中期（万元）	建设分期 远期（万元）
	植物观光园	500	0	300	200
	动物科普园	500	0	300	200
	观音山陶瓷文化创意产业园	20000	10000	6000	4000
云龙水库观光科普区	瞭望台	50	50	0	0
	云龙广场	500	500	0	0
	游客中心	1500	1500	0	0
	滨水别墅	500	0	0	500
	水库生态馆	800	0	600	200
	缤纷花田	200	100	50	50
	汽车营地	100	0	100	0
	森林氧吧	200	100	50	50
	林间露营	80	0	50	30
奇幻云龙峡谷景区	观景栈道	300	300	0	0
	滨水绿道	300	300	0	0
	渔情垂钓	100	100	0	0
	森林树屋	300	200	100	0
	低空滑索	120	0	120	0

253

第十一章 投资概算和分期建设

二、投资估算

功能分区	一级项目	投资估算（万元）	建设分期 近期（万元）	建设分期 中期（万元）	建设分期 远期（万元）
	浓情商业街	10000	5000	3000	2000
	次游客中心	1500	1000	500	0
	军事拓展基地	300	300	0	0
	民俗演绎	100	100	0	0
激情云龙湖景区	激流勇进	200	200	0	0
	丛林穿越	500	300	100	100
	游乐园	300	200	100	0
	萌宠乐园	400	200	100	100
	极限攀岩	100	0	100	0
合计	—	39450	20450	11570	7430

第十一章 投资概算和分期建设

三、社会效益

1. 旅游人数预测

德化县云龙湖景区的旅游开发借助建瓯市旅游发展的春风，一旦开发，将会成为泉州市旅游的一个新兴景区，潜在的游客量不存在问题。

云龙湖尚未真正形成旅游接待景区，所以没有游客统计基础数据，根据周边景区的游客接待量预测，暂按10万人/年作为基础数。

根据一般的规律，在旅游区的开发初期，由于宣传力度的加大，营销策划的效果，游客量增加会比较明显，随着旅游区的旅游开发建设进一步进行，游客量会持续增加，但是增幅会逐渐降低。在规划的远期，游客量的增长会趋于相对稳定。

根据以上的规律，预测结果为：2025年，游客量为34.2万人；2030年，游客量为57万人；2035年，游客量为73.5万人。详细预测数据请见游客规模预测表。

游客量预测一览表

规划年份	增长率（%）	游客量（万人）
2020	—	10.0
2021	30%	13.0
2022	35%	17.6
2023	30%	22.8
2024	25%	28.5
2025	20%	34.2
2026	16%	39.7
2027	12%	44.5
2028	10%	48.9
2029	8%	52.8
2030	7%	57.0
2031	6%	60.5
2032	5%	63.5
2033	5%	66.7
2034	5%	70.0
2035	5%	73.5

第十一章 投资概算和分期建设

三、社会效益

2. 经济效益分析

◆ 近期按人均消费200元计算；中期按人均350元计算；远期按人均500元计算。
◆ 成本按60%计算。
◆ 预计到2029年利润总额达到41644亿元，项目开始盈利，投资回收期约8~9年。
◆ 旅游项目带动性强，德化县云龙湖旅游项目将带动村民参与旅游项目共同富裕，社会效益显著。

规划年限	游客量（万人）	人均消费（元）	营业额（万元）	累计毛收入（万元）	累计利润（万元）
2019	—	—	—	—	—
2020	10.0	200	2000	800	1200.00
2021	13.0	200	2600	1040	2240.00
2022	17.6	200	3520	1408	3648.00
2023	22.8	350	7980	3192	6840.00
2024	28.5	350	9975	3990	10830.00
2025	34.2	350	11970	4788	15618.00
2026	39.7	350	13895	5558	21176.00
2027	44.5	350	15575	6230	27406.00
2028	48.9	350	17115	6846	34252.00
2029	52.8	350	18480	7392	41644.00
2030	57.0	350	19950	7980	49624.00
2031	60.5	500	30250	12100	61724.00
2032	63.5	500	31750	12700	74424.00
2033	66.7	500	33350	13340	87764.00
2034	70.0	500	35000	14000	101764.00
2035	73.5	500	36750	14700	116464.00

第十一章 投资概算和分期建设

三、社会效益

1. 社会效益分析

（1）改善德化县产业结构。

对德化县云龙湖的开发建设，将提升旅游产业在德化县产业结构中的地位，并发挥旅游产业巨大的带动作用，实现以旅游产业为龙头的第三产业的全面发展，使得德化县经济向更多元化发展，以保障德化县社会经济在变化多端的市场经济中健康而稳定行的发展。

（2）改善德化县人文环境。

在德化县旅游产业的发展过程中，一方面，通过德化县云龙湖景区旅游品牌的塑造，形成独特的文化旅游内涵，将扩大德化县海丝文化旅游的影响力；另一方面，随着德化县旅游产业的发展，越来越多的旅游者进入德化县进行休闲度假，这些外来自不同地域的游客群体与当地居民进行互相交流、了解、学习，可以增长当地居民的知识，提高其文化素质修养。通过游客与当地居民的互动，使得游客感受到当地传统文化的魅力，并把它发扬光大。

（3）缓解就业压力。

旅游业是劳动力密集型产业，就业成本低，发展旅游业比发展其他产业更有利于解决劳动就业问题。据世界旅游组织的研究报告显示：目前每9个就业岗位中旅游业就业岗位1个旅游就业岗位。大力发展旅游业，可为景区周边当地居民提供更多的就业机会，改善当地的就业结构。

（4）旅游扶贫。

引进发展第三产业来带动全村的经济，使得村里的原来以第一产业为主的经济结构发生转变，通过融合第一产业和第三产业，实现部分居民财政双致富。

（5）加强基础设施建设。

德化县云龙湖是需要多行业支撑的产业，旅游业的发展势必会带动德化县云龙湖景区周边各地基础设施建设的改善。交通、住设、电力设施、通讯设施等都会得到相应的改善。

（6）改善引资环境。

德化县云龙湖景区旅游的逐步建设发展，提高整体旅游业吸引力，改善德化县乃至泉州市的基础设施环境，为德化县和泉州市吸引旅游投资和其他商业投资均提供了良好的引资环境。

第十二章 实施保障措施

一、顶层设计
二、政策保障
三、资金保障
四、人才保障

第十二章 实施保障措施

一、顶层设计
——旅游发展模式的确立

考虑到隆化县云龙湖景区旅游发展的实际，并参照国内其他旅游发达地区的经验，为了保障本规划所确定的各项目标得以实现，旅游区的发展应采取**政府引导、企业主体、市场运作、行业自律、社会参与**的发展模式。

1. 政府引导

政府引导是借助行政权威和所掌握的社会经济资源，调动社会各方面的积极性，确保旅游业的快速启动，并在旅游形象塑造、旅游市场整体营销、旅游招商引资等方面发挥引导作用。政府引导主要体现在以下几个方面：

制定计划以及财政、金融、税务、价格、招商引资等一系列产业优惠政策，引导和鼓励旅游业优先、快速、持续发展，使其获得相对其他产业有更优先的发展机会和更好的发展条件；

制定并依法进行科学的旅游规划设计，防止旅游开发中的盲目行为和急功近利的短期行为；

制定旅游法规及管理办法，设置必要的执法机构，强化依法兴旅、法治旅；

对旅游相关行政区、相关部门、相关行业、相关社区之间的利益和关系进行协调；

在遵循行政许可法有关规定的基础上，严格旅游行业经营资格的审批，进行行业管理。

2. 企业主体

企业是市场的主体，也是实现旅游各目标的最终推动力。要大力产品开发、景区建设、市场开拓，宣传促销等各个领域，真正发挥旅游企业作为市场主体的作用。充分挖掘福建联众旅游企业的投资能力，通过启动员有吸引力的旅游项目来引爆景区的休闲、娱乐和旅游地产，吸引大批有实力、有战略眼光的企业来旅游区投资，整合市场的力量，最终将云龙湖景区打造成为生态文明、海丝文化旅游示范小镇。

3. 市场运作

政府对旅游发展的启动和引导作用以及企业作为市场主体的作用的发挥，都是建立在遵循市场规律的基础上，特别是应该把政府引导和市场化运作有机地结合起来，在旅游运行的各个方面，依靠市场手段进行产业化运作。充分发挥市场多面手的作用，延长产业链，拓宽产业带，将旅游区建设成为以旅游业为核心的多中心的多部门集群开发展的休闲体育产业孵化为核心基地，推动区域经济的发展。

第十二章 实施保障措施

二、政策保障

规划任务的分解落实

目前我国旅游业实施的是政府引导战略，规划的编制和实施是政府引导成实践中发挥的主要内容。因此，规划编制完成后，如何使规划的目标变成实践的结果，如何使规划在实践中发挥其应有的作用，分解、落实规划所确定的任务是非常关键的。

泉州市政府和德化县县政府应认真研究规划所制定的原则、目标、内容和措施，并制定相应的措施。建议市政府应从以下几方面来确保德化旅游区总体规划的落实。

1. 通过规划

《总体规划》经审查通过后，由泉州市政府正式颁布，使之成为云龙湖景区旅游今后若干年发展的指针。总体规划一经政府颁布，应严格执行，确保旅游区按照规划科学、有序、持续地发展。

2. 强化领导

为了突出旅游业在本区域经济中的重要地位，应加强旅游区的统一管理工作，成立统一的德化县旅游区发展委员会，统一规划与协调，保障旅游区持续健康发展。

3. 加强考核

要用促进旅游区建设的观念来调动政府部门的积极性，把本规划的实施作为全区各个政府部门而不单纯是旅游局和镇政府的职责，切实用规划中所确定的战略步骤、规划措施、行动策划来指导旅游区的全面发展和政府部门各司其责。各有关部门应各尽其责，积极配合支持旅游业发展，尤其是要把协助规划任务的尽成情况作为考核各有关部门的一个因素。

4. 完善体系

根据规划所提出的政策要求，区政府应逐步完善旅游发展的政策体系；在条件成熟时不断推出相关的法规和管理办法，逐步完善旅游发展的行政管理体系；同时，在编制总体规划的基础上，进一步编制好各重点景区和核心旅游项目的专项规划和专项设计，形成完善的体系。

5. 科学决策

强化科学决策，提高项目论证与管理水平。严格重要项目的立项和实施决策的科学化、民主化程序，避免盲目立项和"首长工程"。同时要重视重要项目的实际操作性，论证要深，管理要严，手段要硬。对于旅游建设项目，应听取旅游管理部门的意见并经其同意后，再报审批。

260

第十二章　实施保障措施

三、资金保障

——灵活多样资金筹措方式

云龙湖景区旅游发展的保护和建设是一个涉及面较广的系统工程，而资金是旅游建设和环境保护的首要条件。因此，应采取积极措施，广开门路，广开财源，争取多渠道筹措资金。

（1）旅游区的保护和建设与国家现行的加快生态保护的政策和宗旨是一致的，云龙湖景区旅游是国家生态保护建设工程的一个组成部分，也是国家新农村建设的一部分，建议云龙湖景区旅游的建设在取得国家和地方政府、各行业、各部门大力支持的前提下，积极争取国家生态保护建设、新农村建设的专项资金。

（2）为加快旅游区的建设步伐，旅游区应制订相应政策，改善投资环境，吸引国际国内投资，要通过积极措施，采取灵活多样的办法进行招商引资。要加强国际交流与合作，全方位推进引资工作，争取生态保护相关国际组织财政援助贷款。

（3）旅游区的开发建设应采取边建设、边开放、边完善的滚动发展模式，逐步形成旅游区自身建设的良性循环。

四、人才保障

旅游市场多样化对人才建设提出了更新更高的要求和更多的需求，要多措并举合力推进旅游人才队伍建设，完善旅游人才体系。

1. 加强旅游人才培养

创新培养文化旅游营销策划、文化创意、电子商务、规划咨询等新业态人才。建立旅游人才培训策地，推动校企合作培养，鼓励旅游企业和院校联合培养文化旅游人才，加大对文化旅游行政管理人才、经营管理人才以及乡村旅游从业人员的培训力度。突出抓好导游队伍建设，实施"励导计划"，完善导游评价制度。

2. 实施导游人才提升计划

高度重视导游队伍建设，开展导游人员登记评定，提高导游人员专业素质和能力，鼓励专业技术人员特别是离退休老专家、老教师从事导游工作，实行导游员聘任薪酬与职业资格挂钩制度。

3. 引进集聚复合型旅游人才

实施"引才聚才计划"，制定实施特殊优惠政策，引进一批国内外旅游创意复合型人才、旅游策划规划及营销管理高端人才。深化与旅游高校合作，培育急需复合型、创新型、应用型人才，积极构建复合型旅游人才脱颖而出的良好社会生态环境。

4. 强化旅游智库建设

成立云龙湖旅游发展合作社，邀请政府官员、文化旅游知名专家、学者和企业家沟通、参与，为云龙湖旅游业发展提供智力支持。设立旅游监测研究基地，用旅游重新构建云龙湖立体旅游大格局，用一揽子改革创新推进旅游发展。